사회복지사의 사회복지

공

부

김용득   조남경   남일성

·목 차·

서 문 사회복지사, 정체성 혼란과 혁신적 실천의 꼬리 물기

사회복지학은 민간과 공공의 다양한 현장에서 일하는 사회복지사를 양성하는 목적을 지닌 학문이다. 다양한 영역의 일선에서 활동한다는 특징 때문에 사회복지학의 범위는 다른 학문에 비해 포괄적이고도 실용적인 성격을 가지고 있다. 이런 점에서 서로가 서로를 뒷받침하고 검증하는, 사회복지사의 활동과 사회복지학 사이의 관계를 설명하기가 쉽지 않다. 특히 우리나라 사회복지는 현장경험을 통하여 학문적 지식이 구성되었다기보다는, 미국, 영국 등의 서구에서 학문이 먼저 수입되고, 이후에 현장이 발전했기 때문에, 사회복지사의 활동과 사회복지학의 자연스러운 일체감이 확보되어 있지 못하다는 비판이 있다. 따라서 의사와 의학, 간호사와 간호학, 교사와 교육학 등은 동전의 양면과 같으며 불가분의 관계임이 쉽게 느껴지는데 반해, 사회복지사와 사회복지학 사이에는 아직도 약간의 간격과 긴장이 감지된다.

본서는 성공회대학교에서 함께 교육하는 동료 세 사람이 사회복지사의 입장과 시선에서 사회복지학을 설명해 보려는 목적에서 집필되었다. 사회복지를 공부하는데 있어서는 사회복지 실천지식과 기술로 구성되는 미시, 사회복지조직의 운영과 행정체계에 대한 지식으로 구성되는 중시, 국가의 정책과 법률 등에 대한 이해로 구성되는 거시의 세 차원에 대한 통합적인 이해가 중요하다. 세 차원이 통합적으로 이해되어야 하는 당위성에도 불구하고 각 차원이 다루는 내용이 다르기 때문에 실제로는 쉽지 않은 과업이다. 이들을 통합적으로 구성하고 설명하는 한 가지 방법은 사회복지사의 시선과 활동을 중심으로 이야기 하는 것이다. 사회복지사는 사회복지 실천지식을 가지고, 사회복지조직에 소속되어 일정한 절차에 따라서, 기존 정책과 제도를 적극적으로 활용하거나 변화시키면서, 서비스 이용자의 권리가 실현될 수 있도록 돕는 사람들이다. 본서는 바로 그러한 사회복지사의 시각에서 사회복지 공부가 어떻게 통합적으로 이해될 수 있을지 도전해 보려는 시도로 집필되었다.

사회복지사는 '정체성 혼란'과 '혁신적 실천' 사이를 끊임없이 오가며 일하는 것 같다. 다시 말해 현장의 사회복지사는 '정체성 혼란'이라는 이름으로 사회복지사 자신과 동료들을 다독거리면서, 다른 한편으로는 사람들의 인권과 평등을 향한 '혁신적 실천'을 추구하고 있는 것으로 생각된다. 그렇지만, 대개 혼란의 과정을 통해 창의적 아이디어가 논의되거나 사고가 정돈되곤 하는 것처럼, 정체성 혼란과 혁신적 실천은 서로 배타적인 관계가 아니라 서로 꼬리에 꼬리를 무는 순환과 발전의 과정으로 보인다. 이 책은 꼬리에 꼬리를 무는 이 과정이 좀 더 희망적이고 적극적인 과정이기를 소망하는 마음으로 시작되었다.

이 책이 사회복지를 공부하고 있거나 현장에서 일하는 사회복지사들의 생각과 대화에 윤기를 조금 보태는, 계란 프라이를 할 때 살짝 둘러주는 '식용유' 같은 역할을 할 수 있었으면 좋겠다는 생각이다. '여럿이 함께'라는 지원 사업을 통해 본서를 집필하는 계기를 마련해 준 성공회대학교 교수학습지원센터에 감사드리며, 졸고를 기꺼이 출판해 주시고, 번듯해 보이게 만들어 주신 EM의 김영환 사장님과 직원 분들께도 고마운 인사를 드린다.

사회복지사의 처음마음과

사회복지를 실천하고 있는 변치 않는 마음에

존경의 마음을 담아

2020년 2월에

작지만 큰 대학에 몸담고 있는

세 사람의 저자가 드립니다.

사회복지사의 사회복지 공부

1장
사회복지사와 가치

1장
사회복지사와 가치

사람들이 만들어내는 사회현상들—필자가 오늘 아침에 화장실에서 약 2리터의 오물을 생산한 것부터 학교를 오면서 이용한, 세금이 투입되어 만들어지고 여전히 그 운용에 세금이 일부 투입되고 있는 대중교통이라는 제도까지 포함하여—은 워낙 다면적이고, 즉 보는 관점이나 그 현상을 접하는 사람이 서 있는 조건과 환경에 따라 모습과 의미가 다르고, 때로 다층적이기도 해서, 즉 어떤 사회현상은 개인들과만 연관되어 있는 것이 아니라, 사회집단들 혹은 사회 전체와도 연관되어 있고, 그 각각의 층위에서의 모습이나 영향이 달라서, 이와 관련된 개념들은 거의 대부분 정의내리기가 쉽지 않다. 물론 우리는 때로 자신 있게 무엇은 무엇이라고 명쾌하게 이야기하는 사람을 만나기도 하고, 또 해당 분야에 오래 몸담은 분들이 정의를 내리면 우리는 거기에 더 많은 권위와 무게를 부여하기도 한다. 그렇지만, 기본적으로 사회현상을 탐구하는 사회과학에서 개념들에 대한 정의는 대부분 옳고 그른 문제가 아니라 더 많은 사람들이 공감하고 동의하고 사용하느냐의 문제이다. 즉, 사전을 찾아본다고 해결되는 문제가 아니다. 다르게 이야기하면, '사전적 정의'라는 것이 그다지 가능하거나 유용한 영역이 아니라는 것이다. (그러니 앞으로 사회와 관련된 공부를 하겠다면, 이제 네OO OOOO사전은 그만 봐야할 때가 되었다.)

'사회복지'도 마찬가지여서, 대학에서 4년을 공부한 사람이든, 졸업 이후 사회복지 현장에서 30년을 일한 사람이든, 혹은 대학이나 연구 기관에서 30년을 연구한 사람이든, 그것을 정의 내린다는 것은 쉽지 않은 일이다. 이것은 두 가지 면에서 즐거운 소식이다. 하나는, 어쩔 수 없는 상황—예를 들면, 어느 모임에서 누군가가 '사회복지 공부하셨다면서요? 사회복지가 도대체 뭐예요?'라고 물을 때—에 몰려 "사회복지란 이런 것을 의미한다"라는 이야기를 할 수밖에 없을 때, "그러한 정의 내리기 자체가 무리한 일이니 내 이야기를 새겨듣지는 말아달라"고 미리 양해를 구할 수 있고, 때로 그것은 우리를 '겸손하고 사려깊은' 사람처럼 보이게 해 줄 수(도) 있다. 다른 하나는, 남이, 특히 누가 봐도 나보다 경륜있고 권위가 실리는 분이, "사회복지는 이런 것이야"라고 이야기하고 있는데 왠지 그 이야기에 동의가 안 될 때, 마음속으로 '그건 선생님 생각이구요' 하면서 '정신 승리'할 수(도) 있다.

그럼에도 불구하고, 사회복지에 관해 무언가를 이야기하려 한다면, 나름의 정의를 내리지 않을 수는 없다. '그것'이 무엇인지를 명확하게 하지 않고 '그것'에 대해 이야기한다면 듣는 사람들은 거의 아무 것도 이해할 수 없을 테니 말이다. 따라서 필자도 여기서 나름으로 사회복지를 정의해 보려고 한다. 다행히 '모두'가 합의하고 인정하는 사전적 정의가 존재하지 않을 뿐, 사회복지가 무엇인지에 대한 다양한 정의들은 구체적인 표현방식이나 단어 선택의 다름을 제외하면 대부분 유사한 의미를 담고 있다. 이는 사회복지를 정의하기 위해 생각해보는 방식은 다양할 수 있어도 다다르는 결론은 거의 비슷하다는 것을 보여주는데, 덕분에 필자도 (그리고 독자 여러분도) 조금 자신을 가지고 나름의 정의내리기를 시도해 볼 수 있겠다. 여기서 필자는, 상당히 고전적인 방식이지만, '사회복지'라는 말을 구성하고 있는 두 가지 단어를 구분해서, 사회가 가진 특징적 모습을 살펴보는 것으로 시작하여 복지의 의미도 생각해 보면서 사회복지란 무엇이라 할 수 있겠다는 결론에 도달해 보고자 한다. 그 과정은 자연스럽게 사회복지사가 갖는 그리고 가져야 할 가치 지향을 보여줄 것이다.

제1절 다양한 정체성과 사회분리(Social Divisions), 그리고 불평등

사람은 모두 다르다. 모두가 서로 다른 정체성을 가지고 있다. 당신도 당신만의 정체성을 가지고 있다. 그런데 정체성은 단 한 가지의 특성으로 형성되는 것이 아니라, 매우 다양한 구성요소로 이루어져 있다. 그 중에서 나 혼자만 아는 나만의 특징과 특성 말고, 타인에 의해 인식되는 것을 사회적 정체성이라 하자. 이 사회적 정체성의 각 구성요소들은 대개 단 한 사람에게만 해당되는 특징이 아니라 같은 혹은 유사한 특성을 공유하는 사람들과 함께 하나의 그룹을 이루게 하는 것들이다—예를 들면, 성 정체성, 국적, 소속 학교, 연령대, 거주지 등. 즉, 하나의 특성은 기준에 따라 사회 구성원들을 서로 다른 그룹으로 나눈다. 어떤 구성원도 하나의 특성에 대해서는 동시에 두 개 이상의 그룹에 속할 수는 없다—예를 들면, 대학생이면서 비대학생일 수 없고, 20대이면서 10대일 수 없다. 이렇게 사회 구성원들이 각 특성에 따라 서로 다른 그룹으로 나뉘게 되는 현상을 '사회분리'라 하며—물론, 여기서는 매우 간단하고 무식하게 설명한 것이고, 조금 더 알고 싶다면 사회분리와 관련된 책들[1]을 찾아보도록 하자—, '사람은 모두가 다르다'라고 이야기하는 것이 자연스러운 것만큼, 사회분리라는 현상은 동서고금을 막론하고 어느 사회에서나 발견되는 대표적인 사회현상이라 할 수 있다.

사회적 정체성을 이루는 특성들은 여러 개가 있어서, 한 개인은 동시에 여러 기준에 의해 여러 그룹에 속하며, 그에 따른 다양한 특성으로 사회적 정체성을 형성하게 된다. 예를 들면, 이성애자 남성이면서 아들이면서 아빠면서 비정규직 노동자이면서 세입자라는 정체성을 갖는다. 그런데, 당신이 소속된 그룹들 중에서 스스로 원하고 바라고 당신의 의지로 소속된 그룹이 얼마나 되는가? 반대로 어떤 그룹들이 당신의 의지와 노력과는 무관하게 당신이 소속되어 있는 것들인가? 당신의 사회적 정체성 중 얼마만큼이 당신의 의지와 노력의 산물이고, 얼마만큼이 당신의 의지와 노력과는 무관하게 주어진 것인가? 여기서 우리는 우리의 사회적 정체성과 사회분리에 따라 소속된 그룹들이 내 바램과 의지에 따른 결과이기만 하지는 않다는 것을 알 수 있다. 아니, 어쩌면 내 바램과 의지에 따른 부분이 생각보다 많지 않다는 생각을 하게 된다.

문제는, 비물질적인 특성이든 물질적 (혹은 경제적 관계에서의) 특성이든, '다름'에서 출발한 사회분리가 적지 않은 경우에 사회적 지위의 혹은 자원 배분의 '차이'로 이어진다 — 어떤 그룹이 다른 그룹에 비해 더 높은 지위나 더 많은 자원을 누린다 — 는 것이다. 이러한 차이가 일시적이고 우연적인 것이 아니고 지속되고 반복되면, 이는 구성원들이 서로 다른 층위에 속해있는 위계적인 층위를 형성한다(사회층화(Social Stratification)). 이것을 쉽게 사회라는 빌딩의 서로 다른 층에서 살게 한다고 비유하여 이야기하자면, 서로 다른 층에서 사는 사람들은 삶의 경험도 다르고 가질 수 있는 기회도 다르며, 활동과 업적에 대해 인정받고 보상받는 방식과 내용도 다르다. 즉, 사회의 서로 다른 층위는 삶의 기회와 경험, 보상체계에 있어서의 차이, 즉 불평등을 의미하며, 마음대로 그리고 자주 층을 바꿔 살 수 있는 것이 아니라면, 그러한 불평등은 재생산되기 쉽고, 또한 점점 더 확대되기 쉽다(불평등의 구조적 (확대) 재생산). 여기에 더하여, 사회분리를 만드는 사회적 정체성'들', 즉 개인이 동시에 소속되는 여러 그룹'들'은 서로 작용하여 불평등을 강화하는 경우가 많다. 예를 들면, 장애인이 비장애인에 비해 사회적 지위와 자원 배분의 면에서 약자이고, (이제는 이렇게 성별을 구분하는 것이 적절하지 않은 성숙한 사회가 되었지만, 편의상 사용하자면) 여성이 남성에 비해 그러한 면에서 약자라면, 여성 장애인의 경우 곱절로 불평등을 겪게 — 위에서의 비유에 따르자면, 훨씬 더 아래층에 살게 — 된다는 것이다.

제2절 모든 게 내가 잘난 덕분 혹은 내가 못난 탓이 아니라면

따라서 우리는 이런 의문들을 가질 수 있다. 나의 사회적 정체성의 많은 부분이 내 의지와 노력의 산물이 아닐 때, 그리고 '다름'에서 출발한 사회분리가 사회층화로 이어져 사회적 불평등과 그 재생산으로 이어지기 쉬울 때, 내가 혹은 내가 아닌 다른 사람(들)이 마주하고 있는 긍정적인 혹은 부정적인 현실—예를 들면, 높은 연봉, 고학력, 사회적으로 인정받는 직업, 좋고 비싼 집, 소유하고 있는 성공적인 사업체, 비정규직의 불안한 직업, 오르는 집값과 임대료를 매일 걱정해야 하는 생활, 외식이나 여행을 조르는 자녀의 욕구를 충족시켜 줄 수 없는 괴로운 마음, 수 년 째 계속되는 취준생 신분, 다음 끼니를 매번 걱정해야 하는 주머니 사정 등—은 얼마만큼 나 혹은 그(들) 스스로의 덕분 혹은 탓인가? 전적으로 나 혹은 그(들) 스스로의 의지와 노력에 의한 혹은 그것의 부족에 의한 것이라고 할 수 없다면, 그 전체를 배타적으로 소유하고 향유하는 것에 대해 누구도 뭐라 할 수 없다거나 그 전체에 대해 스스로 책임져야만 한다고 할 수 있을까?

예를 들어, 우리 사회의 고소득자/자산가는 주로 누구인지 생각해보자. 그들은 그들의 의지와 노력만으로 고소득자/자산가가 되었는가? 누구나 원하고 노력하면 그들처럼 될 수 있다고 우리가 답할 수 있는가? 혹은 그들이 운이 좋아서 고소득자/자산가가 되었을까? 그들의 '좋은 운'이 그들이 속한 사회—역사, 지식과 기술, 교육 제도, 사람들의 의식, 취향, 소득수준 등—와 무관한가? 흔히 이야기되는 것처럼 '빌 게이츠가 혹은 스티브 잡스가 1800년에 태어났다면' 그들이 윈도우나 아이폰을 만들 수 있었을까? 혹 만들었다 하더라도 지금과 같은 성공을 거두었을까? 혹은 그들의 능력이 좋아서 그 능력만으로 고소득자/자산가가 된 것일까? 그들과 같은 능력은 누구나 원하고 노력하면 가질 수 있는 것인가, 아니면 운이 좋아야 가질 수 있는 것인가? 그런 능력이 있으면 누구나 고소득자/자산가가 될 수 있는 것인가, 아니면 그런 능력이 있어도 때(즉, 시대와 사회)를 잘 만나야 고소득자/자산가가 될 수 있는 것인가? 마찬가지로 우리 사회에서 주로 누가 어떻게 빈곤하게 되는가? 빈곤하게 되는 이유는 의지가 약하고 게으르기 때문인가? 운이 나빠서인가? 부모가 속했던 소득계층이 자녀세대에 그대로 이어질 가능성이 점점 높아지고 있는 현실[2]이나, 부모가 비정규직일 때 자녀가 비정규직으로 사회생활을 시작할 가능성이 높은 현실[3]은 모든 것을 개인적인 원인으로 돌리기 어려움을 보여준다.

이처럼 부와 빈곤과 같은 물질적인 불평등에 개인의 차원이 아닌 '사회적인 힘'의 작용이 만들어 내는 부분이 있다면, 적어도 그러한 부분만큼은 개인을 넘어서 '사회' 차원의 완화 노력이 필요하다는데 대부분 동의할 것이다. 한편, 개인을 탓하기 어려운 문제가 원인이 되어 비물질적인 불평등을 만들어 내는 경우도 드물지 않다. 장애인이어서, 피부색이 달라서, 국적이 달라서, 성적 지향이 달라서 등의 이유로 소수자 그룹에 속하고, 그 때문에 다수자 그룹에 비해 제한적인 경험과 기회만을 갖고, 그래서 사회적으로 더 낮은 지위, 더 낮은 소득계층, 더 불안정한 직업, 더 열악한 지역의 주거지를 갖게 될 가능성이 높다면, 이러한 가능성을 낮추고, 나아가 그러한 경험과 기회에서의 불평등을 완화/해소하기 위한 사회적 노력이 필요하겠다는 데에도 큰 이견이 없을 것이다.

우리가 시공간을 뛰어 넘어 거의 모든 사회에서 발견되는 대표적인 사회현상들 중 하나인 사회분리로부터 시작하여 불평등과 그 완화/해소를 위한 사회적인 노력의 필요에 다다랐다는 것은 여러 가지 의미를 가질 수 있다. 그 중 하나는 우리 각자의 서로 다름이 당연하고 자연스러운 것만큼이나 불평등 또한 거의 모든 사회에서 발견되는 현상임을 짐작할 수 있다는 것이다. 또 다른 하나는 따라서 그러한 불평등을 완화/해소하기 위한 사회적인 노력의 필요 역시 보편적으로 주장될 수 있는 것이라는 점이다. 그리고 하나 더 짚자면, 보편적인 현상인 만큼, 공정한 과정의 결과로서의 불평등이나 효율성을 위한 유인(incentives)으로서의 불평등은 불가피하다는 주장도 늘 있어왔다는 점이다. 따라서 '불평등 완화를 위한 사회적 노력이 필요하다'는 주장은 지지받기 쉽지만, 구체적으로 '어디까지 어떻게'에 들어가면 논란이 많아지고 타협이 어려우며, 따라서 그 정도와 방법은 '어디까지가 정당하고 필요한 불평등인가'에 대한 구성원들의 인식이 사회마다 다른 만큼, 개별 사회마다 다 다르다.

제3절 사회구성원으로서의 권리, 권리의 동등한 보장

한편, 사회가 존재한다면 그 사회를 구성하는 구성원들이 존재하며, 구성원들은 사회에 대한 일정한 '권리'를 갖는다. 권리란 쉽게 이야기해서 '무엇을 요구하는 것이 정당함'을 의미하는데, 구성원이 없이는 사회란 유지, 발전할 수 없으므로 최소한 구성원이 그 사회에 소속되고 존재하도록, 더 나아가 구성원들을 통해 사회가 발전할 수 있도록 하는 무언가를 제공할 필요가 있으며, 구성원은 그것을 정당하게 요구할 수 있다. (물론 사회계약의 관점이 아니라 자연법의 관점에서 인간이라면 누구나 존재만으로 권리를 갖는다고 주장될 수 있다. 권리에 대한 공부도 하려면 끝이 없다!)

물론 무엇이 '정당하다'고 이야기하는 것은, 사회적 개입이 필요한 불평등의 정도를 판단할 때처럼, 가치 판단을 전제하고 있는 것이므로, 각 사회가 처한 조건과 환경, 구성원들의 의식 등에 따라 어디까지가 정당한지는 다 다르다. 예를 들면, 1948년의 UN 인권선언은 '모든 사람은 존엄과 가치가 존중되는 삶을 추구할 수 있어야 한다'는 (가치판단을) 전제로, 인류 모두가 고유한 존엄과 평등하고도 양도할 수 없는 권리를 가지며 그러한 권리가 보장되어야 한다고 천명하고 있지만, 그러한 전제는 그 이전까지는, 그리고 실제 생활에서는 아직도, 보편적으로 받아들여지는 것은 아니었다. 마찬가지로 신분제 질서에 기초한 봉건 군주국의 시대를 지나 시민계급 혹은 시민사회의 발전과 함께 다원주의적이고 민주적인 국가가 발전하게 되면서, 비로소, 시민들의 사회에 대한 다양한 요구들 — 대표적으로, 자유로운 경제활동과 그 결과로서의 사유 재산을 법으로 평등하게 보호받고 싶다는 요구, 사회의 의사결정에 동등하게 참여하고 싶다는 요구, 그리고 시장에서 성공적이냐의 여부와 무관하게 일반적인 생활양식은 유지하고 싶다는 요구 등 — 은 3세기에 걸쳐 점차 정당한 것으로 받아들여지게 되었다 (시민권(Citizenship Rights)).

일단 인권과 시민권이 폭넓게 받아들여지는 시대 혹은 사회에 태어난 것을 스스로 축하하자. 이제 우리가 사회구성원은 사회에 대해 일정한 권리를 가짐을 인정한다면, 그 다음 생각해 볼 문제는, '그러한 권리는 한 사회의 구성원이라면 모두 같은 가치를 갖는 존재이므로 같은 권리를 갖는다', 즉, '모든 구성원들에게 평등하게 보장되어야 한다'는, 얼핏 보면 너무나 당연한 주장이다. 물론 우리가 '법 앞의 평등'이나 '1인 1표의 동등한 선거권' 등을 이야기할 때는 사회 구성원 모두의 '같은 가치, 같은 자격, 동등한 대우, 평등한 보장'이 쉽게 이루어지고 있다고 생각할 수 있다. 하지만, 실제 동등한 (피)선거권을 누리기 위해서는 일정한 수준 이상의 교육(이라는 사회적 자원의 분배)이 동등하게 보장되어야 하며, 더 나아가 UN인권선언의 '존엄과 가치가 존중되는 삶을 추구'할 권리가 동등하게 보장되기 위해서는 사회의 물질적인 그리고 비물질적인 자원이 평등하게 분배되어야 할 것이라는 점에서 실제에 있어서는 결코 쉽게 실현되고 있는 주장이 아니다.

물론 자원 배분에서의 평등은 획일성(즉, 똑같은 양의 자원)을 의미하지 않는다. 이것은 법 앞의 평등이 예를 들어 획일적 처벌을 의미하지 않는 것이나, 투표 참여의 평등이 획일적인 선거 결과(모두가 정치적으로 똑같은 비율로 대표되는 결과)를 의미하지 않는 것과 마찬가지다. 결국 자원 배분에서의 평등은 '기준에 따라 공정/공평하게 분배되어 불공정한 불평등이 없는 상태(사회적 평등)'를 의미한다고 볼 수 있다.

하지만 당연히 그런 공정/공평한 분배의 기준, 혹은 불공정하지 않은 불평등(앞서 우리가 썼던 표현을 빌리자면 '필요하고 정당한 불평등')의 기준을 정한다는 것은 쉬운 일이 아니다. 따라서 이는 사회정의에 대한 논의의 핵심 주제이기도 하다. (정의론에 흥미가 간다면 관련한 책들을[4] 찾아 읽어보는 것도 좋겠다.) 실제에 있어서는 많은 사회에서 '기회'를 어떻게 평등하게 분배(즉, 보장)할 것인지가 핵심적으로 고민되어 왔으며, 더하여 기회균등이 갖는 여러 가지 한계들—예를 들어, 삶의 과정에 복잡하게 얽혀있는 너무나 다양한 면에서의 기회들을 똑같이 보장해 줄 수 없기 때문에 생기는 어쩔 수 없는 출발선의 다름이나, 개인이 활용할 수 있는 주변의 자원의 차이 등에서 기인하는 기회 추구 과정의 용이함의 차이 등에서 비롯되는 결과의 불공정한 불평등—을 보완하기 위한 방법들을 고민하고 고안하고 시행하고 있다. 역시 많은 사회에서 사용하고 있는 대표적인 예를 하나 들자면, 최소기본선을 정하여 거기까지는 자원의 균등한 분배를 보장하고, 그 이후에는 평등한 기회의 보장에 중점을 두는 방법이다. 예를 들면, 의무 교육제도나 기초생활보장제도, 더 넓게는 건강보험도 이와 같은 성격이라고 이해할 수 있다.

최소기본선 보장의 방법을 쓰더라도 '어디까지가 최소기본선인가'에 대한 논란이 남듯이, 자원 분배에서의 사회적 평등을 보장하는, 그리하여 구성원이라면 갖는 권리를 누구에게나 동등하게 보장해주는 일은 끊임없는 논의와 타협을 요구하는 일이며, 따라서 각 사회마다 그리고 한 사회에서도 시대마다 다르게 나타난다. 이는 달리 생각해 보면, 인간의 존재 조건이 '자원의 희소성'인 한 효율성이라는 가치를 추구하는 것이 불가피한데, 동시에 (사회적 동물일 수밖에 없는) 인간은 공정성이라는 가치 또한 보편적으로 추구하기 때문이며, 효율적 결과가 언제나 공정한 결과이지는 않아서 두 가치 사이에서 늘 긴장하며 적정한 균형을 찾아야 하기 때문이라고 볼 수도 있다.

지금까지 생각해왔던 문제들을 잠깐 정리하고 넘어가자. 다양한 구성원이 형성하는 사회는 그 다양성 때문에 발전하고 번영하지만, 그 다양성이 개인으로서는 어찌할 수 없는 불평등으로 이어지곤 한다. 따라서 개인의 덕분 혹은 탓으로 돌릴 수 없는 불평등을 완화/해소하기 위한 비개인적인(즉, 집단적인, 곧 사회적인) 노력이 요청된다. 다른 한편으로는 사회의 구성과 존속, 발전을 위해 (건강하고 자율적인)

구성원은 필수불가결한 만큼, 사회 구성원은 일정한 권리를 가지며, 사회는 이러한 권리를 동등하게 보장해 주어야 한다. 이렇게 구조적인 불평등의 완화와 구성원의 권리 보장이라는 두 측면에서 사회적인 책임과 개입이 요구되며, '어디까지 얼마나' 노력해야 하며 보장해 주어야 하는지는 각 사회에서 치열하게 고민하고 논의되고 타협되어야 하는 문제이다.

제4절 사회적 책임과 구성원의 권리로서의 복지의 보장

'집단적인 노력으로 완화/해소해야 하는 불평등 혹은 보장해주어야 하는 권리'의 내용은 시대마다 사회마다 다르고 계속 고민하고 타협해야 하는 문제라고는 했지만, 많은 사회(라기보다는 우리에게 상대적으로 익숙한 경제적으로 부유한 국가들, 예를 들면 OECD 가입 국가들)에서 공통적으로 발견되는 대표적인 내용은 '복지(welfare)'라 할 수 있다. 영어 표현 welfare는 doing 혹은 being으로 해석될 수 있는 faring이 well한 상태를 의미한다. well하다는 의미는 "어떻게 지내(How are you)?"라는 질문에 대해 "나는 괜찮아, 별 일 없어(I'm well)"라고 답할 때를 생각해보면 쉽다. 우리말로는 '참살이'라 표현하기도 한다.

그렇지만 이 '별 일 없이 잘 지내'는 상태, 즉 복지의 상태가 무엇인지를 정확히 규정하기는 참 어렵다. '행복한 상태'라 하기에는 '행복' 자체가 너무 추상적이고 어떻게 보면 '별 일 없이 잘 지냄'보다도 더 어렵다―우리는 때론 배만 불러도 행복하고, 때론 배부름만으로는 행복할 수 없다고 한다. '물질적으로 결핍이 없이 안정된 상태'라 하면 누군가가 '배부른 노예'라는 가상의 예를 들고 나올 것이다. 욕망(desire)과 바램(want), 선호(preferences)가 충족된 상태라 하기엔 이들은 너무 개인적이고 상대적이며 변화하거나 생겨났다 사라지기도 쉽고, 때론 '별 일 없이 잘 지내'기 위해서는 꼭 필요한데도 바라지 않는 경우도 있고(예를 들어 치료의 기피), 너무 바라지만 꼭 필요한 것은 아닌 경우도 있다. 따라서 복지와 관련된 일과 연구에서는 대부분 '욕구(needs)'라는 개념을 사용한다. 이 때 욕구(needs)는 기본적인 (형태와 수준의) 삶의 영위를 위해 필수적으로 필요한 것이 충족되지 않은 상태를 의미하며, '필수적'이라는 단어에서 짐작할 수 있듯이, 개인적이고 심리적이기 보다는 인간의 삶에 있어서 본질적이고 보편적인 요소들을 나타내고자 한 것이다. 따라서, 복지의 상태는 욕구가 충족된 상태라 정리할 수 있겠다.

물론(또 물론이다!), 이렇게 이야기해도 정도만 다를 뿐, 욕구 또한 과연 객관적이고 보편적이라 할 수 있는지는 끝없는 논의의 대상이다. 어떤 사람들은 자신이 어떤 방식으로든 사회에 기여한 바가 있는데(예로, 참전 용사), 그에 대해 충분히 보상받았다고 생각되지 않으면 전혀 '별일 없이 잘 지낸다'고 생각하지 못할 수 있다. 따라서 그들에게는 기여나 업적에 대한 보상이 '필수적'인 욕구의 충족이다. 또 다른 사람들에게는 '상대적 박탈감'이 너무나 중요해서 우리가 보기엔 '필수적'인 욕구가 충족되어 보여도 잘 지내지 못하고 너무 불행하게 느낄 수도 있다. 반대로 부탄과 같은 나라의 국민들은 우리가 보기에 기본적인 욕구 충족이 조금 부족한 듯 보여도 상대적 박탈감이 없이 모두 행복하다고 보고되곤 한다. 이 같은 어려움이 늘 있지만, 그래서 욕구의 내용 또한 시대에 따라 사회의 변화에 따라 조금씩 다르게 규정되지만, 그럼에도 불구하고, 기본적인 삶이라 부르든, 최소한 인간의 존엄성을 지킬 수 있는 삶이라 부르든, 사회에 참여하고 기여할 수 있는 건강하고 자율적인 구성원으로서의 삶이라고 부르든, 그러한 삶을 유지하기 위해서는 충족되어야만 하는 것들이 있음에는 우리가 동의할 수 있다면, 이를 욕구라 하고, 이러한 욕구가 충족된 상태를 복지의 상태라 하자.

이렇게 보면, 사회 구성원의 복지의 상태는 사회의 구조적인 불평등에 의해 위협받거나 훼손되어서는 안 되는 최소한의 것이면서 동시에, 사회 구성원이 정당하게 요구하고 보장받을 수 있어야 하는 최소한의 권리이기도 하다라고 정리할 수 있겠다. 결국 사회복지는 사회 구성원들이 욕구 충족을 통해 최소한 기본적인 수준과 형태의 삶을 유지할 수 있도록 하는 집단적인 노력, 즉 사회적인 개입을 의미하며, 이는 구조적인 불평등을 완화/해소해야 하는 사회적 책임의 차원에서도, 그리고 사회구성원이 갖는 권리라는 차원에서도 정당화되는 것이라 하겠다.

제5절 사회복지의 당위성과 사회복지사의 가치 지향

지금까지 필자는, 다루고 있는 주제들에 비해서는 상당히 짧은 논의를 통해, 사회복지가 무엇인지, 그리고 사회복지가 왜 정당하고 당연한 것인지를 이야기해 보았다. 이는 사회복지를 공부하는데, 그리고 사회복지사가 되어 활동하는데 있어서 핵심적으로 중요하다. 사회복지사로서의 삶을 사느냐와 무관하게, 사회복지를 공부한다는 것이 갖는 여러 의미들 중 하나는 사회현상을 바라보고 이해하는 고유의 관점—나중에 다른 사람들로부터 '사회복지 공부한 사람은 다르네'라는 소리를 듣게 하는—을 갖게 해준다는 것이다. 사회복지를 공부한 사람은 어떤 사회현상을 만들어내고 있는, 그 이면에 작용하고 있는 구조적 불평등이 무엇인가를 생각할 줄 안다. 그리고 거기에 그치지 않고 그러한 구조적 불평등을 완화/해소하기 위한 집단적인 노력이 어디에서 어떻게 부족하거나 더 필요한지를 생각할 줄 안다. 사회복지를 공부한 사람은 어떤 사회현상 안에서 당연히 보장되어야 할 어떤 권리가 침해되고 있는가를 생각할 줄 안다. 그리고 거기에 그치지 않고 그러한 권리가 보장되기 위해 어떤 사회적 노력이 어디에서 어떻게 부족하거나 더 필요한지를 생각할 줄 안다.

그리고 만약 당신이 사회복지사라면, 직간접적인 담당자로서 사회적 노력이 실제에 구현되도록 애쓰고 있을 것이며, 때로는 사회적 노력이 부족한 부분에 대해 문제제기하고 중요한 정책과 제도의 의제가 되도록 하는 활동에 참여하고 앞장서고 있거나 향후에 그럴 수도 있다. 직간접적인 담당자로서 사람들이 당연한 권리를 보장받도록 애쓰고 있을 것이며, 때로는 보장받지 못하고 있는 권리가 있음을 일깨워주는 일을 하고 있을 수도 있고, 그들의 권리가 보장되도록 함께 싸우거나, 협력하고 지원, 지지하는 활동을 하고 있을 수도 있다. 왜냐하면, 사회복지사는 단지 남다른 박애와 인류애로 남들보다 더 열심히 '봉사'하는 선량한 시민이 아니기 때문이다. 사회적 불평등과 권리에 대한 전문가로서, 즉 사회적 불평등의 완화/해소와 권리의 보장이라는 가치를 지향하는 가치관을 가진 전문가로서 사회복지사는, 사회적 정체성의 다름을 가지고 차별할 줄을 알지 못하며(한국사회복지사윤리강령[5] I. 1. 2항, "사회복지사는 클라이언트의 종교·인종·성·연령·국적·결혼상태·성 취향·경제적 지위·정치적 신념·정신, 신체적 장애·기타 개인적 선호, 특징, 조건, 지위를 이유로 차별 대우를 하지 않는다."), 사회정의라는 사회적 가치를 실현하는데 앞장서기 위해(한국사회복지사윤리강령 I. 1. 4항, "사회복지사는 사회정의 실현과 클라이언트의 복지 증진에 헌신하며, 이를 위한 환경 조성을 국가와 사회에 요구해야 한다.") "사회적·경제적 약자들의 편에 서서 … 저들과 함께 일[해]"(한국사회복지사윤리강령 前文 중) 나가는 사람이기 때문이다.

2장

사회복지사와
실천지식

2장
사회복지사와 실천지식

제1절 / 사회복지실천이란?

사회복지실천 지식이란 사회복지실천에 활용되는 지식 정도로 범박하게 정의해볼 수 있겠다. 따라서 사회복지실천 지식을 논하기 위해서는 먼저 사회복지실천이 무엇인지 정리해야겠다. 사회복지실천은 social work practice를 우리말로 번역하여 사용하면서 자리 잡게 된 용어이다. 외국에서 social work practice를 어떻게 정의하는지 살며보면 다음과 같다. 전미사회복지사협회(National Association of Social Workers)는 사회복지실천을 "바람직한 사회적 환경을 조성하는 개인의 능력을 증진하고 회복하는 것을 목적으로 개인, 가족, 집단, 지역사회에 제공되는 전문적 원조활동"으로 정의한다.[6] 사회복지사국제연맹(International Federation of Social Workers)은 "약자의 권익 증진을 위해 사회변화를 촉구하고, 인간관계 내 문제해결을 촉진하며, 개인의 복지 증진을 위해 개인의 역량 강화와 함께 개인을 차별과 억압으로부터 해방시키기 위해 노력하"는 행위를 사회복지실천으로 정의한다.[7] 우리나라 사회복지사선서에서도 사회복지실천의 성격을 엿볼수 있다. 선서에는 "나는 언제나 소외되고 고통 받는 사람들의 편에서서, 저들의 인권과 권익을 지키며, 사회의 불의와 부정을 거부하고, 개인 이익보다 공공이익을 앞세운다."라고 사회복지실천의 성격을 나타내고 있다. 위의 다양한 사회복지실천의 정의의 특성을 정리하면 다음과 같다. 첫째, 사회복지실천은 실천의 대상을 다양하게 아우르고 있다. 미국 사회복지실천은 개인, 가족, 지역사회를 대상으로, 한국 사회복지실천은 소외되고 고통 받는 사람들을 대상으로 삼고 있다. 둘째, 사회복지실천의 목적 또한 다양하다. 바람직한 환경의 조성, 개인 능력의 증진, 인권과 권익의 옹호, 사회 불의와 부정의 거부(소극적, 적극적 변화 노력) 등이다. 이를 간단히 정리하면 개인의 변화와 사회의 변화로 크게 나눠볼 수 있다. 셋째, 사회복지실천의 성격이 어떠한지도 엿볼 수 있다. 이를테면 개인 혹은 사회가 당면한 문제를 해결함으로써 생활을(혹은 시스템을) 유지하게끔 하는 것과, 문제의 근원적 원인을 제거하거나 변화시킴으로써 사회구조의 변혁을 꾀하는 것이다. 이처럼 사회복지실천은 다양한 차원의 의미를 바탕으로 그 세부내용을 따져볼 수 있다.[8] 이를 바탕으로 본 장에서는 사회복지실천의 대상과 범위, 목적, 이를 반영한 사회복지실천 지식의 구성과 성격, 그리고 현장에서의 사회복지실천 지식 활용에 있어서의 필연적 복잡성을 다루고자 한다.

제2절 사회복지실천의 대상과 범위 - 미시적 실천과 거시적 실천

앞선 장에서 기술한 것처럼 우리나라의 사회복지실천 방법은 미국 사회복지실천 전통의 영향을 많이 받았다. 미국 사회복지실천은 사회 환경의 변화를 중점에 둔 인보관 운동(settlement movement)과 문제 해결의 초점을 개인에게 두는 자선조직협회(Charity Organization Society)가 있다. 인보관 운동의 전통은 거시적 관점을 바탕으로 사회 개혁을 주창하며, 1960~70년대에 잠시 활성화되었으나 미국 사회복지 전통의 주류로 자리 잡지는 못하였다. 자선조직협회의 전통은 미시적 관점을 바탕으로 개인에게서의 문제해결 방법에 초점을 맞추는 임상 중심의 실천방법을 발전시켜 오면서, 지금까지 미국 사회복지실천의 주류 실천방법으로 형성되었다. 이러한 흐름은 사회복지실천 교육에도 영향을 미쳤고, 미국 사회복지교육의 영향을 많이 받은 우리나라 사회복지실천 교육에도 적지 않은 영향을 미쳤다고 볼 수 있다. 즉, 복잡한 사회문제의 해결에 있어 사회 환경의 변화보다는 개인의 심리 및 행동을 중점적으로 파악하는 방법이 지배적인 실천방법으로 자리 잡게 되었다고 볼 수 있다.

흔히 미시(Micro)와 거시(Macro) 실천방법이라고 일컬어지는 두 전통에 관해 좀 더 자세히 살펴보면 다음과 같다. 미시적 실천이란 개인, 집단, 가족 등에서 발생하는 문제의 해결방안을 개인의 심리와 행동에서 찾고자 하는 접근방식이다. 이와 같은 방식은 사회복지사의 업무를 특화하는데 즉, 전문성을 강화하는데 일조했다는 평가를 받지만 한편으로는 지나치게 미시적 문제에만 국한하여 문제를 바라봄으로써 사회복지실천이 사회문제의 근원적 원인을 다루는 기술을 발전시키지 못했다는 비판도 받는다.[9] 한편 거시적 실천이란 문제의 원인을 개인보다 사회제도, 물리적 환경, 이데올로기 등으로 판단하고 이를 변화시키고자 하는 노력이다. 대표적인 예로 급진사회복지실천(Radical Social Work Practice)[10] 등이 있으나 사회복지실천의 주요 실천방법으로 자리 잡지 못한 것으로 판단된다. 그 이유로는, 서구에서는 냉전기 급진사회복지실천이 공산주의운동의 일환으로 간주되는 등 체제반대세력으로 배제되는 분위기가 있었고[11], 우리나라에서도 군부독재시절 사회복지사들이 섣불리 사회운동에 나서기 어려웠던 사회분위기 등이 거시적 사회복지실천의 토대를 다지기 어렵게 만드는 요인의 하나였던 것으로 보인다. 이와 같은 사회분위기가 다소 누그러진 이후에도 거시적 실천방법은 사회복지현장에서의 실천방법으로 자리 잡지 못하였는데, 몇 가지 이유를 손꼽자면 다음과 같다. 첫 번째 이유는 사회복지사들의 주요 활동 공간인 사회복지관의 재정적 기반 때문일 것으로 사료된다[12]. 힘의존 이론(Power Dependence Theory) 등을 사회복지 조직에 적용시킨 설명 등에 따르면,[13] 사회활동가들이 속한 조직은 재정적 보조가 끊길 것을 우려하여 재정보조자(정부)를 쉬이 비판하지 못한다는 것이다. 실제로 운영 재정의 거의 대부분을 정부보조금에 의존하고, 2~3년 단위로 지방자치단체에 의해 평가 및 위탁 심사를 받는 우리나라 사회복지관이 지역사회문제의 근원적 원인의 해결을 위해 지방자치단체나 중앙 정부, 혹은 사회제도를 비판하는데 적극적으로 나서기는 어려운 실정이다. 두 번째 이유는 대부분 정부 재정으로 운영되는 사회서비스의 주요 전달체계로 사회복지관이 쓰이고 있다는 점이다. 사회서비스의 내용은 사용자의 욕구에 따라 점점 구체화되어 가고 있고, 이에 따른 서비스 발전이 사회복지관을 바탕으로 구체적으로 구현되고 있다. 제한적인 인적 인프라가 사회서비스 영역에 투입되고 있다면 사회제도의 변화에 힘을 쏟을 인력은 더욱 부족해질 것이 뻔하다. 미시와 거시라는 사회복지실천의 두 가지 전통의 내용을 자세히 살펴보니 현재 우리의 사회복지실천은 미시적 영역에 치우쳐 있는 것으로 생각된다. 그러나 만약 현장에서 활동하는 사회복지사들에게 '당신은 미시적 실천을 주로 강조하는 실천가인가요?'라고 묻는다면, '그렇습니다. 사회구조적 원인보다 개인적 원인이 더 중요합니다'라고 대답할 사회복지사들이 많을까? 필자는 이와 같은 대답이 그리 많지 않을 것으로 생각한다. 그 이유는 사회복지실천의 기본적인 목적 때문인데 이를 다음 절에서 논해보고자 한다.

제3절 사회복지실천의 목적과 성격
- 사회복지를 왜 하는가에 대한 대답

앞 절의 질문, '당신은 미시적 실천을 강조하는 사회복지사인가요?'
에 대해 가장 많이 나올 것으로 필자가 예상하는 응답은 '미시적 실천
방법을 많이 사용하기는 하지만 가능하다면 거시적 실천방법도 많이
사용할 것입니다'이다. 두 가지 응답의 차이는 무엇일까?

표1. 사회복지실천에 대한 두 가지 대답

'당신은 미시적 실천을 강조하는 사회복지사인가요?'		
'그렇습니다. 사회구조적 원인보다 개인적 원인이 더 중요합니다'	VS	'미시적 실천방법을 많이 사용하기는 하지만 가능하다면 거시적 실천방법도 많이 사용할 것입니다'

사회복지사의 실천 지향이다. 사회복지사들이 학교나 현장에서 주로
배운 바는 미시적 실천기술이지만, 사회복지사의 유전자 어딘가에는
사회적 약자를 위해 피 끓는 주먹을 하늘 높이 휘두르며 분투하는 이
데아적 자아의 이미지가 있을 것이다.[14] 본인이 마음속으로 간직하고
있고 공적 공간에서 이야기하지는 않지만 사회복지사라면 누구나 이
정도는 공유하고 있을 것이라고 서로가 믿는, 사회적 약자를 도울 것
이라는 믿음이 사회복지사들에게 형성되어 있다고 필자는 생각한다.
다만, 가능하다면 이라는 조건이 담고 있는 앞서 언급한 여러 환경적
제약 때문에 지향에 걸맞는 실천을 뿜어내지 못하고 있을 것이라는 것
이다.

사회복지를 왜 하는가에 대한 대답, 즉, 사회복지실천의 목적 또한
이와 연결되어 있다고 생각한다. 사회복지실천의 목적은 '바람직한
사회적 환경을 조성하는 개인의 능력을 증진하고 회복'하며 '약자의
권익 증진을 위해 사회변화를 촉구하고, 인간관계 내 문제해결을 촉진

하며, 개인의 복지 증진을 위해 개인의 역량 강화와 함께 개인을 차별과 억압으로부터 해방시키기 위해 노력하'고 '소외되고 고통 받는 사람들의 편에 서서, 저들의 인권과 권익을 지키'는 일이니, 단순히 심리치료에 집중해서만은 도달할 수 없을 것이다. 오해해서는 안 될 것은 개인의 문제를 해결함에 있어 그 문제의 원인을 온전히 사회구조에 두고 개인의 행동 및 심리상태의 분석을 등한시해서 해결할 수 있는 문제는 하나도 없을 것이라는 점이다. 개인과 사회구조 모두를 한데 아우르는 시각이 필요한 것이다.

이를 사회복지실천의 통합적 성격이라고 부를 법하다. 개인과 사회구조를 한데 바라볼 수 있어야 한다는 것으로 개인 및 가족의 문제를 해결하는데 있어 해당 개인 및 가족만을 살펴서는 문제를 제대로 분석할 수 없고 사회구조의 영향을 동시에 살펴야 한다는 것이다. 거꾸로 사회구조적 현상(예: 경기불황)이 개인 및 가족에게 미치는 현상을 살펴볼 때에도 사회구조의 영향력만을 살펴서는 각 개인 및 가족이 나타내는 차이를 설명할 수 없을 것이다. 따라서 개인 뿐만 아니라 사회구조까지 함께 살펴볼 수 있는 관점이 필요한데, 현장 및 학계에서 대표적으로 사용되는 관점이 생태체계 관점이라고 볼 수 있다. 개인에서부터 가족, 집단(교회, 학교, 또래집단 등), 지역사회, 국가, 문화 등으로 체계를 점점 넓혀나가는 틀을 설정해두고 각 체계가 서로 어떻게 영향을 미치는지를 살피는 관점이다. 이를 기반으로 사회복지실천은 개인, 환경, 개인과 환경 간의 상호작용에 초점을 두고 있다. 실천의 대상을 개인, 가족, 집단, 지역사회로 확장시켜 기존의 미시 관점에서 보는 개인의 욕구나 문제 상황을 넘어 거시적 문제원인에까지 초점을 넓혀 다각적으로 접근한다.[15] 좀 더 구체적으로는 클라이언트 문제 사정(assessment)시 개인의 부적응과 사회환경적 측면의 결핍을 동시에 살피고, 개인의 적응능력과 사회환경 각각의 영향력과 상호작용을 분석한다. 문제 개입시에는 개인의 적응 및 문제해결능력을 증진시키고, 이를 도울 수 있는 자원을 개발하여 연계하고 조정하며 이를 수행하는 조직들간의 협력을 돕는다. 장기적으로는 문제 발생의 근원적 원인을 따져 문제삼는다.

왜 사회복지실천을 하는가? 필자의 답은 '클라이언트의 어려움을 해소하고자 함'이다. 그 어려움은 어디에서 비롯되는가? 필자의 답은 '클라이언트 개인과 가족에서 뿐만 아니라 대개는 지역사회, 국가, 사회구조 등이 모두 상호작용하면서 발생하고 있다'고 본다. 결국 클라이언트가 처한 여러 문제의 해결을 위해 힘쓰는 것이 사회복지실천의 기본적인 목적이고, 이 과정에서 개인의 문제뿐만 아니라 사회구조의 문제까지 동시에 살펴야 한다는 것이 사회복지실천의 특성이라고 말할 수 있겠다.

사회복지실천 현장의 현재 모습에서 시작하여 사회복지실천의 규범적 방향에 관한 필자의 생각을 대상 및 범위, 목적, 성격의 상호 연관된 틀을 이용하여 정리해보았다. 독자들도 이와 같은 방식으로 '왜 사회복지실천을 하는가'에 관한 대답을 정리해보면 어떨까. 예를 들면, 대상에 관하여 '사회복지사가 사회구조에 반드시 관심을 가져야하나? 왜지?', 목적에 관하여 '클라이언트 개인이 처한 어려움이 사회구조적으로 설명이 안 될 때도 있지 않을까?' 등으로 말이다. 그리고 나아가 필자가 제시한 틀 외에 나름의 틀을 이용하여 사회복지실천의 대답을 찾는 것은 더욱 유익할 것으로 생각된다.

지금까지 사회복지사가 문제해결의 관심을 어디에 두어야 하는가 정도의 수준에서 사회복지실천의 성격을 탐색했는데, 실제 현실 세계에서 사회복지사들이 다루는 문제는 꽤 복잡한 터라 이 수준에서 문제의 본질을 포착하기는 쉽지 않다. 그리고 같은 길을 가더라도 투입되는 시간과 돈이 사람마다 조직마다 모두 다를 수 있다. 게다가 사회복지사도 나름의 가치와 성향을 지닌 사람인지라, 객관적인 것처럼 보이는 분석 결과와 해결방법을 두고도 이를 피하거나 돌아가는 길을 택할 수도 있다(종교적 신념과 사회정의의 충돌은 사회복지실천에서 빈번하게 등장하는 이슈이다). 이렇게 효율성과 윤리를 고려해야 하는 상황에서는 함께 일하는 사회복지사들이 이에 관해 옳고 그름 적절함 등을 두고 의논해야 할텐데 이 때 논의를 위해서는 기댈 곳이 필요하다. 그렇다, 우리의 머리를 지끈거리게 하는 단어, 이론과 모형. 다음 절에서는 사회복지실천의 이론과 모형에 관한 이야기를 하고자 한다.

제4절 사회복지실천 지식의 구성 – 이론과 모형, 실천지혜

사회복지학은 독특한 학문적 정체성을 가지고 있는데 이는 흔히 실천
학문으로 정의되곤 한다. 실천하는 학문이라는 뜻도 있겠고, 실천현장
을 기반으로 하는 학문이라는 뜻도 있겠다. 학문과 실천현장 간의
이상적인 관계는, 실천현장에서의 이슈가 학문적 소재가 되고 학문적
언어로 다듬어진 모형이 실천현장에서 검증되는 선순환 구조가 이뤄지
는 관계가 아닐까 싶다. 물론 이런 이상적인 관계를 목도하기는 쉽지
않다. 하지만 앞 절에서 제시한 간단한 예처럼, 하나의 상황을 두고도
다르게 해석될 수 있는 상황 혹은 실천가의 가치관에 의해 실천의 방
향이 달라질 수 있는 상황, 또는 같은 방향을 설정하더라도 가는 길이
여럿 다르게 설정될 수 있는 상황에서는 일단 최선의 설명을 설정해두
고 이를 실천가가 처해있는 상황에 적용해보거나 수정하는 방법이 좋
을듯하다. 사회복지실천에서 이론과 모형의 역할이 바로 그것이다.

이론이란 무엇인가(!). 이론이란 특정 현상을 설명하기 위한 가설,
개념, 의미의 집합체이다. 그리고 이론은 가치나 의미, 사고 등을 좀
더 객관적으로 규명하고 이를 일반화시키는 역할을 담당하게 되어
드러나는 현상을 언어를 통하여 구체적으로 설명하고 이를 경험적으로
검증되는 절차를 대개 거친다. 사회복지실천과 관련하여 주로 이야기
되는 이론으로는 클라이언트의 불합리하고 불공정한 상황의 개선을
위한 임파워먼트 이론이나, 개인의 역기능적 사고의 치료와 개입에 쓰
이는 정신역동이론, 인지행동이론, 인본주의 이론과 같은 기초 심리이
론 등이 있다. 그러나 이 정도로는 사회복지실천의 구체적인 이슈를
다루는 데에는 한계가 있다. 여기에는 모형이 필요하다.

모형이란 무엇인가(!). 모형이란 문제를 구체적으로 분석하고 개입방
법을 계획하는 방식과 실천과정을 구성한 것이다. 모형은 사회복지실
천에서 직접적으로 필요한 기술의 적용과정과 방법을 제시함으로써 사
회복지사들에게 도움을 준다. 사회복지실천에 주로 활용되는 모형들은
(1) 이론의 기술적 과정을 구체화한 것으로 예를 들면 정신분석 모형,

인지행동모형 등과, (2) 특정 이슈의 해석과 해결을 중심으로 하는 과제중심 모형[16] 등이 있고, (3) 사회 체계 간의 상호작용에 관심을 두어 구조를 설명하는 모형[17] 등이 있다.

이 뿐 아니라(!) 사회복지실천 현장의 특성을 감안하면, 실천지혜(practice wisdom)가 또한 중요하다. 실천지혜란 현장에서의 경험으로부터의 축적된 가치체계와 지식을 일컫는다. 이는 이론이나 모형처럼 구체화되기는 어렵다는 속성이 있다. 실천지혜는 사회복지사의 직관에 기초하여 사회복지사 활동에 절대적인 영향을 미치고 이에 따라 클라이언트에게도 큰 영향을 미친다고 볼 수 있다. 하지만, 개별성으로 인한 보편화의 어려움과 실천가의 개념화 역량 부족 등의 문제로 인해 유용성을 입증 받기 어렵다는 의견이 지배적이라고 볼 수 있다.[18]

사회복지사들은 대개 이론을 통해 사회문제를 해석한 후 모형을 통해 개입방법을 구체화하고 축적된 실천지혜를 통해 실천현장의 상황을 맥락화할 것이다(그리고 다양한 이론과 모형들 중 무엇을 선택할지에 관해서는 사회복지사 개인이 가지고 있는 세계관, 활동 당시의 패러다임 등이 영향을 미칠 것이다). 예를 들어, 자살생각을 호소하는 노인이 있어 이의 해결에 나선다면, 사회복지사는 노인이 자살한다는 것이 사회적으로 어떤 의미를 갖는지, 왜(주로 어떤 이유로) 그런 심리적 상태에 놓이게 되는지를 이론을 통해 이해하고, 이 문제의 해결을 위해 해당 노인의 심리적 상황을 면밀히 분석하기 위해 그리고 노인을 돕기 위해 특정 모형(들)을 골라 실천에 나설 것이다. 이 과정에서 사회복지사 본인의 특성(성별, 나이, 의사소통 스타일 등), 본인이 속한 조직의 문화, 그동안 유사한 문제를 해결해왔던 방식 등과 관련된 실천지혜가 큰 영향을 끼칠 것이다.

이론과 모형, 실천지혜 등에 관한 지루한 설명을 다룬 이 절에서 독자가 가질 수 있는 유익은 아마도 아래의 질문에 응답해보는 시간을 갖는 것이 아닐까 싶다.

- 당신이 사회복지사로서 주로 사용하는 이론과 모형은 무엇인가?
- 적용에 문제는 없는가?
- 상황을 완벽하게 설명할 수 있는 이론이나 모형은 이 세상에 없을텐데 주로 사용하는 이론과 모형이 당신이 주로 맞닥뜨리는 문제를 어느 정도나 설명하는가?
- 설명하지 못하는 부분은 어떤 상태로 남게 되는가?
- 본인의 실천에서 실천지혜가 차지하는 양적, 질적 비중은 어느 정도 되는가?
- 어떤 사람들은 실천지혜를 두고 주먹구구식 실천이라고 비아냥거리기도 하는데, 이런 반응에 대해 그럴듯하게 대응할 수 있는가?
- 본인의 실천지혜를 자주 정리하고 고민하는가?

이론과 모형, 실천지혜의 보편적 축적 없이는 사회복지실천이 어려울 것이다. 서로 소통하는 추상적 수단이 없어 사회복지 시스템의 온전한 유지가 불가능할 것이고, 성공과 실패의 원인을 평가하여 발전의 발판으로 삼을 수도 없을 것이기 때문이다. 앞서 언급했듯이 이는 우리가 기울일 수 있는 최선의 노력이기는 하지만 실천현장에서 발생하는 이슈들의 본 의미를 포괄할 수 있는 오리지널곡일 수 없다. 오히려 클라이언트, 사회복지사, 이론가, 시대적 상황, 조직적 맥락 등의 복잡한 요인들에 의해 시시각각 바뀔 수밖에 없는 변주곡에 가깝다고 봐야 할 것이다.

그렇다면 우리가 공유하는 사회복지실천 지식은 얼마나 불완전할까, 그래서 얼마나 정성을 다해 보완해야 할까. 우리는 실천현장에 얼마나 민감해야 할까, 실천가는 얼마나 공을 들여 본인의 실천경험을 추상어로 다듬어야 할까, 이론가는 얼마나 힘을 다해 현장을 이해하려고 노력해야 할까. 다음 절에서는 현장으로부터의 몇 가지 예시를 통해 사회복지실천 학문이 마주칠 수밖에 없는 어려움의 불가피성(inevitability)을 이야기해보고자 한다.

제5절 사회복지실천 지식의 불가피한 불완전성 – 공동의 노력으로 구축해야 하는 구조물

앞 절에서는 사회복지실천의 기본 토대 지식을 이루는 이론, 모형, 실천지혜의 기본구조를 이야기했다. 그리고 최선의 지식으로써 이들이 어떻게 기능할 수 있는지도 다뤘다. 이 절에서는 이와 같은 학술적 설명이 얼마나 조심스러워야 할지를 보여주는 몇 가지 사례를 소개한다.[19] 사례를 통해 함께 생각해보고자 하는 바는 사회복지실천 지식이란 현장 실천가들이나 연구자들 모두 머리를 맞대고 함께 구성해야 하는 것이다.

사회복지사 A는 노인돌봄서비스를 이용하는 한 독거 노인의 사례관리를 담당하고 있었다. 노인분은 돌봄노동자를 상당히 괴롭게 하는 행동을 자주 했다. 예를 들면, 돌봄노동자의 신발을 일부러 망치거나, 방문하는 시간에 맞춰 평소보다 훨씬 집안일을 많이 만들어 둔다던지, 심지어 성추행으로 여겨질 법한 일들도 숱하게 저지른다는 것이다. 그래서 담당 돌봄노동자도 꽤 많이 바뀌었는데도 어떤 경우에도 같은 방식으로 행동하여 골치가 아픈 케이스였다. 사회복지사 A는 이를 문제행동으로 규정하고 실천론에서 배운 이런저런 행동주의 기술을 동원하여 문제를 해결하고자 했으나 노인의 행동은 바뀌지 않았다.

고민하던 차에 사회복지사 A는 우연히 새로 남자친구를 사귄 동료가 오랜시간 거울을 들여다보는 것을 보고 "혹시 어르신께서 관심을 받고 싶어 하시는 것은 아닐까?"하는 생각이 들었다. 노인분의 행동 이면에 관심과 사랑을 받고 싶어 하시는 소망이 있을 수 있다고 판단했다. 사회적으로 소외되는 과정에서 쌓인 정서적 상처가 큰 몫 했을 수 있다고 생각했다. 사회복지사 A는 다음 방문부터 지속적으로 관찰해오던 행동에는 별 신경쓰지 않았고 노인분이 무엇을 원하는지 살피고 원하는대로 응대했다. 일종의 관심 중심, 관계 중심의 실천을 수행한 것인데, '일부러 찢어진 신발을 신고 다니는 아동' '일부러 모임에 늦게 나오는 노인' '일부러 술을 마시다가 알콜중독이 되어버린 주부' 등 이와 유사한 사례들은 다양한 실천영역에서도 자주 접할 수 있었다.

위의 이야기는 전형적인 실천모형을 적용해서는 문제의 원인을 파악하기도 해결방법을 찾기도 어려운 사례에 속한다. 사회복지사의 실천지혜가 빛을 보인 순간이라고 볼 수 있다. 아마도 사회복지사 A는 나중에 비슷한 경우를 경험하게 될 때 전통적 모형의 적용뿐만 아니라 본인에게 축적된 관심과 관계 중심의 접근을 머리에 떠올리게 될 것이다.

사회복지사 B는 과학적 실천방법의 중요성을 강조하는 분위기에서 교육받았다. 게임중독에 심각하게 빠져있는 청소년을 상담하면서, 중독분야에서 원칙으로 여기는 중독대상에의 철저한 분리를 해당 청소년과 가족들에게 권유했다. PC방 비용이 없어서 절도를 하게 되어 형사 문제가 되더라도 절대 돈을 쥐어주지 않을 정도로 분리시킬 것을 주문했다. 그러나 해당 청소년의 어머니는 그 권유를 거부하고 계속 용돈을 주었고, 사회복지사 B는 더 심각한 상황에 빠질 것으로 생각했다. 1년여가 지난 후 우연히 만난 청소년은 더 이상 게임에 빠져있지 않았다. 사회복지사 B는 그 어머니가 아마도 그 사이에 본인이 권유한 바를 받아들여 더 이상 용돈을 주지 않았고 그 효과를 본 것이었다고 생각하고 그간 생활을 물어보았다. 그러나 그 어머니는 아들이 게임을 끊기 직전까지 용돈을 주어 PC방을 내게끔 했다는 사실을 알고는 경악했다. 과학적 방법을 신봉해왔던 사회복지사 B의 실천방법에서 일종의 신념체계가 흔들리기 시작했다.

정신보건사회복지실천을 담당하고 있는 사회복지사 C는 망상증상을 보이고 있다고 판단되는 한 청년을 상담해오고 있다. 이 청년은 어느 순간부터 본인이 성병을 앓고 있다고 이야기하지만 검사 결과 성병은 전혀 없는 것으로 나타났다. 그러나 그 청년은 본인이 성병을 앓고 있다고 여기저기 알리고 다니고 있어 본인의 평판에도 큰 흠이 나고 있는 상황이었다. 당시에는 그 청년이 망상 증상을 가지고 있다고 판단되었지만, 망상 증상으로 보기에는 일반적이지 않은 데가 있고, 또 기존의 지식으로는 행동에 대한 다른 설명이 어려운 상황이었다. 사회복지사 C가 시간을 두고 청년과 한참을 상담하다가 알게 된 사실은 이 청년은 매우 독실한 크리스천인데 친구의 꼬임에 빠져 어느날 윤락녀와 밤을 보내게 되었다. 본인이 성병에 걸렸다고 스스로 믿고 주변에 알리는 그 상황은, 본인의 비윤리적 행동에 대해 스스로에게 벌을 주는 것이었다. 이런 상황을 처음 접한 사회복지사 C는 당황했고 어떻게 문제를 해결해야 할지 감을 잡지 못했다.

위의 두 예시는 배운대로 행했더라면 실패하기 쉬운 사례들에 속한다. 이러한 상황에서 사회복지사들은 어떤 태도를 취하는 것이 적절할까. 사회복지사들은 이와 같은 본인의 경험이 보편화될 수 있도록 동료 실천 가들에게 그리고 학계에 알려야 할까. 방법은 있을까. 이러한 예들은 정말 다양하다. 사회복지실천 지식의 기본적 속성 중 하나는, 기존의 일반적으로 정립된 이론으로는 현재 상황을 헤쳐나가기 어렵다는 것이다. 실천가들이 본인들의 경험을 보편화하려는 노력과 이론가들이 이를 발굴하려는 노력이 동시에 겹쳐져 사회복지실천 지식을 함께 구축하려는 노력이 필요할 것이다.

3장

사회복지사의
정체성과 역할

3장
사회복지사의 정체성과 역할

제1절 사회복지사의 위치

'사회복지사'는 영어 표현의 social worker를 번역한 말한다. 어떤 사람들은 영어 표현에 충실하게 '사회사업가'로 칭하기도 한다. 실제로 1980년대까지 많은 대학에서 '사회사업학과'라는 명칭을 사용하기도 하였다. 중국에서는 영어 표현을 충실하게 번역하여 사회공작자(社會工作者)라고 한다. 우리나라에서는 1970년대 사회복지사업종사자로 부르다가 1983년 5월 사회복지사업법이 개정되면서 사회사업가 또는 사회사업종사자의 명칭이 '사회복지사'로 규정되어 사회복지사 자격증이 발급되기 시작하였다. 사회복지사업법 제11조 제1항의 규정에 의하여 '사회복지에 관한 전문지식과 기술을 가진 자'를 사회복지사로 정하고 있다. 사회복지 대학 교육은 필수 10과목, 선택과목 중 7과목을 이수하면(대학원 석사과정은 필수 10과목 중 8과목, 선택과목 중 2과목을 이수) 2급 자격증을 취득한다. 2급 자격을 취득하고 국가자격 시험을 합격하면 1급 자격증을 받는다. 2018년 말 기준으로 2급 사회복지사 자격증을 발급 받은 누적인원은 859,964명이며, 1급 자격증을 발급받은 누적인원은 146,119명이다.[20] 그리고 매년 6만-7만 명이 신규로 사회복지사 2급 자격증을 발급받고 있고, 매년 5천-1만 명이 사회복지사 1급 자격증을 신규로 발급 받고 있다. 사회복지사 100만 명 시대에 진입하고 있다.

사회복지사가 어떤 가치를 지향하는지, 어떤 지식과 기술을 가지고 있는지 등에 대해서는 대중들에게 잘 알려져 있지 않다. 간호사, 교사,

의사 등의 역할에 대해서는 일상적인 접촉을 통해서 어떤 역량을 보유
한 사람인지를 사람들은 잘 알고 있다. 반면, 사회복지사의 경우는 동
주민센터에서, 복지관에서, 요양원에서 자주 대면하지만 좋은 일을
하는 사람이라는 정도가 대중들의 인식이다. 1982년에 제정되고, 세
차례의 개정(1988년, 1992년, 2001년)을 거친 사회복지사 윤리강령
은 다음과 같이 선언하고 있다.[21]

> 사회복지사는 인본주의·평등주의 사상에 기초하여, 모든 인간의 존엄성과
> 가치를 존중하고 천부의 자유권과 생존권의 보장활동에 헌신한다. 특히
> 사회적·경제적 약자들의 편에 서서 사회정의와 평등·자유와 민주주의 가
> 치를 실현하는데 앞장선다. 또한 도움을 필요로 하는 사람들의 사회적 지
> 위와 기능을 향상시키기 위해 저들과 함께 일하며, 사회제도 개선과 관련
> 된 제반 활동에 주도적으로 참여한다. 사회복지사는 개인의 주체성과 자
> 기결정권을 보장하는 데 최선을 다하고, 어떠한 여건 에서도 개인이 부당
> 하게 희생되는 일이 없도록 한다. 이러한 사명을 실천하기 위하여 전문적
> 지식과 기술을 개발하고, 사회적 가치를 실현하는 전문가로서의 능력과
> 품위를 유지하기 위해 노력한다.

사회복지사는 개인이나 가족이 개별적, 사회적 욕구를 충족하도록
돕는 사람으로, 사람과 사회 환경의 다리 역할을 한다. 윤리강령에서
밝히고 있는 것처럼 사회정의와 평등의 원칙에 따라 지원을 모색하는
'사회적' 전문가이다. 사람들의 서비스를 받을 권리가 구현되도록, 사회
구성원으로서의 법적 권리가 보호받을 수 있도록, 학대로부터 안전하
도록, 사회적으로 배제당하지 않도록, 장애 등으로 차별받지 않도록
하는 일이 사회복지사의 역할이다.[22] 이런 역할을 수행하기 위하여 사
회복지사는 개인, 집단, 이웃, 지역사회 등과 함께 일한다.

제2절 사회복지사 양성 교과과정

사회복지사는 사회정의와 평등의 원칙에 충실하면서 어려움에 있는 사람들이 문제해결에 필요한 자신감, 애해, 자원을 가질 수 있도록 돕기 위하여 개인을 만나기도 하고, 집단을 만나기도 하고, 지역사회를 접하기도 한다. 이런 역할을 하는 사회복지사를 양성하는 교육은 법적인 기준에 의해 이루어진다. 사회복지사 자격취득을 위한 교과목은 다음과 같이 구성되어 있다.

표2. 사회복지사 2급 자격 취득을 위한 교과목

구분	교과목
필수 과목 (10)	사회복지학개론, 사회복지법제와 실천, 사회복지실천기술론, 사회복지실천론, 사회복지정책론, 사회복지조사론, 사회복지행정론, 사회복지현장실습, 인간행동과 사회환경, 지역사회복지론
선택 과목 (27)	가족복지론, 가족상담 및 가족치료, 교정복지론, 국제사회복지론, 노인복지론, 복지국가론, 빈곤론, 사례관리론, 사회문제론, 사회보장론, 사회복지역사, 사회복지와 문화다양성, 사회복지와 인권, 사회복지윤리와 철학, 사회복지자료분석론, 사회복지지도감독론, 산업복지론, 아동복지론, 여성복지론, 의료사회복지론, 자원봉사론, 장애인복지론, 정신건강론, 정신건강사회복지론, 청소년복지론, 프로그램 개발과 평가, 학교사회복지론

사회복지사가 되려면 국가정책, 법, 조사, 지역사회, 행정, 실천기술 등을 망라하여 알아야 한다. 또한 노인, 장애인, 아동, 청소년 등의 다양한 사람들에 대해서도 알아야 하고, 가족 이슈나 문화 다양성에 대해서도 이해해야 한다. 사회복지사 양성을 위한 교과목이 왜 이렇게 구성될까? 사회복지사 양성을 위한 교과목이 이렇게 다양하게 구성되어 있는 이유는 두 가지로 설명될 수 있다. 첫째, 사회복지사는 사람들이 직면하는 어려움이나 문제를 '사회적인 접근'으로 해결해야 한다는 점이다. 그래서 사람의 행동에 대한 미시적 이해와 함께 법과 정책

에 대한 거시적 이해도 동시에 필요하다. 둘째, 사회복지사는 매우 다양한 영역에서 활동하기 때문이다. 노인, 장애인, 정신장애인, 아동 등의 다양한 사람들과 만나며, 일하는 장소도 복지관, 동주민센터, 거주시설, 자활센터, 단체, 병원, 공공기관, 사회적 기업, 협동조합, 일반기업 등으로 다양하다. 더구나 새롭게 등장하고 있는 주거지원, 복지금융, 성년후견 등의 더 다양한 영역으로 활동 공간이 확장될 것이므로, 현재의 교과목 구성이 미래의 다양한 요구를 따라가기 힘들 것이라는 지적도 있다.

그렇다면 이런 혼란으로 느껴질 수 있는 다양성을 어떻게 하나의 전문직업의 역할로 결집시킬 것인가? 사회복지사는 가치, 지식, 기술의 세 측면에서 전문성을 보유하고, 이를 토대로 다양한 요소들을 결합한다. 또한 거시적인 '정책이나 제도', 중시 차원에서 소속된 조직에서 일어나는 '행정이나 프로그램', 미시차원에 해당하는 개별적 실천을 위한 '기술과 전문성'이 하나의 요체로 통합된 전문분야로 여겨질 수 있다.[23] 이런 접근방법은 다양성을 포섭할 수 있는 이해의 틀을 제공한다.

대학에서 사회복지사가 되기 위해서 공부하고 있는 4학년 학생에게 이런 질문을 해 보자. 사회복지실천론이 심리학과 사회복지정책 중 어느 것과 더 관련이 높다고 생각하는가?, 사회복지정책이 행정학과 사회복지실천론 중 어느 것과 더 관련이 높다고 생각하는가? 많은 학생들이 사회복지실천론이 심리학과 더 관계가 있고, 사회복지정책이 행정학과 더 가깝다고 답할 것이다. 그렇다면 사회복지실천론과 사회복지정책은 어떻게 하나의 학문이라는 울타리 안에 있는가? 사회복지실천론을 개별사회복지(케이스워크)라고 보면 개별 면담에서 사회복지사는 사회복지정책을 모르면 어떻게 될까? 내담자가 산업재해로 장애를 입었고, 일시보상금으로 가게를 하나 차렸다가 폐업하고 상당한 채무까지 지게 되었고, 이제는 국민기초생활수급자로 지낸다고 하면 사회복지정책을 이해하지 못하는 사회복지사는 이 말에 감정이입(empathy)이 어려울 것이다. 또한 내담자가 국민기초생활수급 외에 다른 사회보장 급여를 받을 수 있는데 모르고 있다면 면담에서 이를 챙기고 안내하는 것이 사회복지사의 중요한 책임인데, 이 역할을 놓치게 될 것이다.

사회복지사는 사회적 약자들을 돕는데 필요한 지식기반으로서 인간 행동과 사회환경을 배웠으며, 실제로 사람들을 만나서 문제해결을 위한 직접적인 방법으로 사회복지실천론, 사회복지실천기술론, 지역사회 복지론 등을 이수했다. 그리고 사회적 약자의 욕구와 문제를 분석하는 기술로서 사회복지조사론를 배웠으며, 사회복지기관이라는 조직에 잘 적응하고 조직을 잘 활용하기 위해 사회복지행정론을 배웠으며, 사회적 약자들을 돕는 국가적 제도인 사회복지정책과 사회복지법제를 이수했다. 그래서 사회복지사의 교과목은 다음 그림과 같은 구조를 통해서 설명될 수 있다.

그림1. 사회복지 교과목의 구성 체계

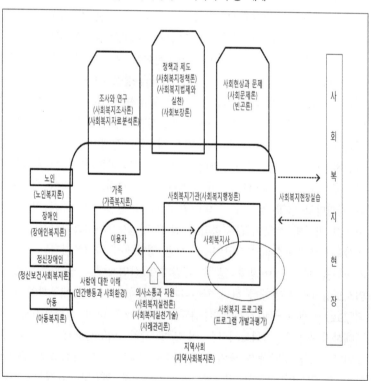

사회복지학은 거시차원의 정책과 미시차원의 실천을 통합적으로 구사할 수 있는 사회복지사를 양성하는 일을 목적으로 하며, 교과과정의 구성도 이런 원리로 되어 있다. 사회복지사는 국가가 운영하는 또는 위탁한 사회복지조직에 소속하여 사회복지서비스를 제공한다. 사회복지행정은 사회복지사의 활동이 이루어지는 공간이면서 동시에 사회복지정책과 법제도를 서비스가 필요한 이용자에게 매개하는 수단이기도 하다. 사회복지의 다양한 분야도 이런 통합성 위에서 존재한다. 예를 들어, 장애인복지론은 필수과목들의 이해를 전제하고 있다. 필수 10과목이 사회복지실천을 수행하는데 필요한 각각의 필요를 가지고 있는데, 장애인을 돕는 활동의 경우도 예외 없이 10과목의 접근이 공히 필요하다. 장애인 개별사회복지, 장애인 집단사회복지, 장애인과 지역사회조직화, 장애인의 욕구조사, 장애인서비스 기관의 이해, 장애인의 사회복지정책과 법제를 통합적으로 적용하는 방법을 장애인복지론에서 배워야 한다. 장애인복지론은 필수과목과 분절된 독립된 과목이 아니라 사회적 약자에게 공히 필요한 10개 과목을 장애라는 영역에서 실천할 수 있도록 '튜닝'하는 교과목인 것이다.

제3절 / 사회복지사의 역할

사회복지사는 무엇을 하는 사람인가? 서구의 문헌들을 검토해 보면 사회개혁 대 개인치료, 혹은 사회정의 대 개인보호라는 큰 우산 속에 모여져 있다. 개인보호(개인치료)는 클라이언트를 병리화하고 개인에게 책임을 돌릴 위험이 있고, 사회정의(사회개혁)는 개인적 희망, 두려움, 기대 등을 주변화 시킬 위험이 있다는 지적이 있다.[24] 다음 내용은 이 두 가지를 어떻게 조화시켜야 하는지를 제시하고 있다.[25]

서구의 사회복지실천에서 개인보호(개인치료) 관점과 사회정의(사회개혁) 관점 두 가지는 그 시대의 사회정치적 분위기와 경제적 환경에 따라 우위를 달리했다. 한국의 사회복지실천은 자생적인 발생적 토대 없이 미국식 사회복지실천을 직수입함으로써 탄생하였다. 그 결과 한국의 사회복지실천은 자국의 토양에 대한 철저한 검토 없이 미국의 주류 사회복지실천의 변화와 변용을 충실히 쫓아갔다. 적어도 교육에서는 그러했다. 사회복지실천에 대한 교육은 탈사회적으로 이루어졌고, 이러한 탈사회성은 자연적으로 사회복지실천이 무엇을 목적으로 삼고 한국사회에서 어떤 역할과 기능을 담당할 것인가에 대한 주체적 사유를 방해하였다. (중략) 한국사회에서 사회복지가 본격적으로 대중 속에 인식되기 시작한 것이 1990년대 들어서이고, 그리고 한국사회에 시민사회가 싹트기 시작한 시점 역시 1990년대라고 본다면 현 시점이야말로 사회복지실천의 기초를 이루는 '가치'문제를 본격적으로 논의해야 할 시기이다. (중략) 서구의 '사회개혁'과 '개인치료'라는 이분법적 지평을 뛰어넘는 보다 구체적이고 다양한 정치적 스펙트럼에 대해 논의해야 하고 이를 현실화할 수 있도록 노력함으로써 나름의 독자적 전통을 만들어 나갈 수 있다.

현재 우리나라 사회복지사들은 자신들의 역할에 대하여 어떻게 생각하고 있을까? 최근 연구에 따르면[26] 사회복지사가 되기 전에는 '상담과 교육을 통한 클라이언트 적응 돕기'의 역할을 가장 중요하게 인식하였으나, 사회복지사가 되고 난 후에는 '자원제공과 서비스 연계하기'의 역할을 가장 많이 수행하고 있는 것으로 나타났다. '사회행동과 옹호' 역할은 사회복지사가 되기 전에는 중요하다고 인식했으나 사회복지사가 되고 난 후에 실제로 수행하는 정도는 매우 낮은 것으로 나타났다. 사회복지사가 되기 전의 인식을 사회복지 교육이 제공했다고 하면 우리나라 사회복지 교육은 한편으로는 개인보호(치료)를 강조하면서 다른 한편으로 사회정의(사회개혁)도 동시에 강조하고 있는 것으로 유추할 수 있다. 그리고 실천 현장의 현실은 상담이나 교육을 통한 개인보호(치료)보다는 자원개발과 연계를 통한 지원이 주를 이루면서, 사회정의(사회개혁)를 수행할 수 있는 가능성은 낮은 상황으로 보인다. 이에 대한 대안으로 제시하고 있는 다음의 해법은 중요한 의의가 있어 보인다.[27]

시장경제가 고도로 발달한 미국의 경우 사회복지실천의 전문화 과정은 사회복지전문직의 역할을 '개혁옹호(cause)'에서 '기술 중심의 서비스 제공 (function)'으로 이동시켰다. 그리고 이러한 역할의 이동은 지역사회에 대한 관심을 평가절하하고 사회복지실천과 사회개혁은 서로 섞여질 수 없다는 결론을 가져온 것이 사실이다. 영국의 경우는 1980년대 '반전문가주의'를 들고 나온 급진적 사회복지실천이 사회복지실천의 전문직화에 대한 비판의 대표적인 예인데, 이들은 반차별과 반억압을 가치지향으로 설정하면서 실천의 전통을 만들어 나갔다. 그 결과 사회복지사의 역할은 '전문가'에서 '서비스 이용자에 대한 지원'으로 이동된 바 있다. 사회복지실천의 전문직 지향에 대한 이러한 지적들은 '전문가주의 이데올로기 (ideology of professionalism)' 즉, 전문가주의 지향이 가져올 수 있는 부정적인 기능에 주목하고 이를 경계해야 한다는 자성의 목소리라고 할 수 있다. 이처럼 전문(직)화 지향이 근본적으로 극복해야 하는 딜레마는 사회복지실천이 포기하기 어려운 '사회개혁'의 가치 지향을 어떻게 '전문 (직)화'속에 담아내느냐 하는 것이다. (중략) 한국의 사회복지실천은 개인 치료와 사회개혁이라는 두 가지 가치를 모두 끌고 가려는 '의지'는 보이지만 사회정의나 사회개혁의 가치실현을 위해 교육과정 편성이나 교과서의 내용, 연구논문 등에 이들을 충분히 반영하고 있는 것 같지는 않다. (중략) 사회복지실천을 재 정의하고 새롭게 개념화하기 위해서는 사회복지실천의 존재 근거인 가치기반 자체를 재편성하고 구체화해야 하는데, 의존적인 상황에 있는 사람들을 관리하는 국가의 대리인에 머물 것인지 아니면 의존상황에 있는 사람들의 권리를 대변하고 옹호할 것인지의 연속선상에서 적절한 균형점이 모색되어야 할 것이다. 또한 전문화의 방향과 내용 그리고 클라이언트와의 관계의 성격을 중심으로 전문가주의 지향이 새롭게 모색되어야 할 것이다.

이런 방향으로의 지향은 사회복지사의 핵심역량을 성찰역량, 실천역량, 관계역량, 통찰역량 등으로 새롭게 구분하여 제시한 연구와 상통한다.[28] 자기인식은 성찰역량으로, 이론과 실천의 통합은 실천역량으로, 효과적인 의사소통과 타인과의 협력은 관계 역량으로, 비판적 사고와 분석은 통찰역량으로 설명되고 있으며, 여기서 중요한 것은 사회복지사에게 필요한 것은 기본적인 지식과 기술 외에도 성찰역량, 관계역

량, 통찰역량도 함께 중요하다는 점이다. 이는 한국 사회복지교육이
미국에서 직수입된 전문가 중심의 사회복지 지식과 기술의 습득에 초
점이 맞추어져 왔다는 비판과 닿아 있으며 성찰, 관계, 통찰로 표현되
는 가치교육의 중요성에 대한 강조로 이어진다고 할 수 있다.

최근 사회복지사의 역할에 대한 세계적인 움직임도 우리의 고민과 크게
다르지 않아 보인다. 국제사회복지사연맹(International Federation
of Social Workers)과 국제사회복지교육협의회((International Association
of Schools of Social Work)가 이전의 합의를 2014년에 개정한 사
회복지실천의 정의를 요약하여 제시하면 다음과 같다.[29]

> 사회복지실천(social work)은 사회의 변화와 사회적 응집력 향상을 도모
> 하면서 사람들의 권한강화(empowerment)와 자유를 증진시키는 실천기반
> 전문직이며 학문분야이다. 사회정의, 인권, 집합적 책임, 다양성의 존중
> 등의 원칙이 핵심적인 가치이다. 사회복지실천이론, 사회과학이론, 인문학,
> 토착지식 등에 바탕을 두고 있는 사회복지실천은 삶의 과업에 도전하고
> 행복을 증진시키기 위하여 사람과 구조에 관여한다.

필자는 우리나라 지역사회정신건강 서비스의 모델을 제공했다고 할
수 있는 한국정신건강복지연구소에서 1993년 7월부터 6개월가량 근
무한 적이 있다. 이 기간 동안 만성 조현병을 가지고 있는 여러 사람
들과 함께 보냈다. 이 분들이 가진 진단명은 대부분 조현병(당시는 만
성정신분열병)이었지만, 개인의 개성과 민감성은 물론 증상까지도 너
무도 개별적이었다. 이 가운데 한 분이 보여주었던 증상의 심한 굴곡
을 지켜보면서 안타까운 마음에 외래로 이 분을 10년 이상 진료하고
있던 동네 병원의 정신과 의사에게 조언을 구하였다. 필자가 제기한
질문은 '이런 증상의 변화에 대해서 어떻게 이해하고, 대처해야 하는
가?, 갑자기 나빠지는 등 증상의 악화를 지켜보면서 지역사회에서 활
동하는 우리의 노력이 무의미하다는 생각을 하게 되는데, 실제로 그런
것인가?' 이었다. 당시 40대 중반쯤으로 기억되는 담당 의사의 친절한
설명은 다음과 같은 내용이었다.

정신질환이라고 하는 것을 피부 상처에 비유해 볼 수 있다. 다른 점이 있다면 피부의 상처는 과학적으로 확립된 치료법에 의해서 일정기간의 치료를 거치면 완전히 없어지는 반면 마음에 자리 잡은 상처는, 특히 만성적인 경우에는 그 상처는 제거하기가 대단히 어렵다는 차이점이 있다. 정신과 의사는 생각과 마음속에 자리 잡고 있는 이 상처를 주시하면서 이 상처가 더 커지지 않도록 약물로 관리하고, 상담을 통해서 증상이 관리되도록 하는 일이다. 정신과 치료에서 이런 의학적 접근에 못지않게 선생님(필자를 지칭)같은 사회복지사들의 역할이 매우 중요하다. 신체의 상처와 마찬가지로 생각과 마음의 상처 역시 일상이 신나고 즐거우면 의학적 처치에 관계없이 상처의 의미는 훨씬 축소된다. 상처로 인한 아픔과 통증은 늘 상대적인 것이다. 무료하게 하루 종일을 병원이나 집에서 생활한다면 아픔과 통증은 견딜 수 없을 정도로 심하게 느껴질 것이다. 반면에 하는 일이 즐겁고, 보내는 시간이 보람되고, 만나는 사람이 반가운 일상을 보내고 있는 경우에는 그 아픔과 통증은 상대적으로 미미하게 느껴질 수 있다. 따라서 정신질환자의 치료는 의학적 접근과 사회적 접근이 잘 보조를 맞추어 나갈 때 성공적일 수 있다.

짧은 시간 동안 정신장애를 가진 사람들과 일했지만, 이 의사의 설명은 큰 깨달음을 주었다. 그리고 의료적 접근과 사회적 접근이 어떻게 협력하는 관계를 만들어 나가야 하는지에 대해서도 좀 더 쉽게 생각해 볼 수 있게 되었고, 사회복지사의 역할에 대하여 잘 이해할 수 있게 해 주었다. 이런 경험을 바탕으로 필자는 사회복지사의 역할을 다음과 같이 제안한다.

신체장애를 가진 사람들을 돕는 사회복지사의 역할은 신체장애에도 불구하고 차별 없이 생활할 수 있도록 차별 요소에 대항하는 것이 정체성이다. 정신장애인을 돕는 사회복지사의 역할은 정신과적 증상을 치료하는 것이 아니라 정신장애에도 불구하고 적극적으로 사회활동에 참여하도록 도움으로써 정신장애인의 일상에서 정신과적 증상이 미치는 제약을 최소화시키는 역할이다. 마찬가지로, 발달장애를 가진 사람들을 돕는 사회복지사의 역할은 발달장애를 치료하는 것이 아니라 발달장애를 인정하고, 발달장애에도 불구하고 사회에서 발달장애인이 활기차게 지낼 수 있는 환경을 만들어내고, 활기차게 지내려는 발달장애인 스스로의 동기를 개발하고 지원하는 역할이다. 그렇다고 해서 이 역할이 개인을 상담하고, 가족을 지원하는 역할을 배제하는 것을 의미하지는 않는다. 오히려 이런 세세한 실천적, 기술적 역량은 이런 역할에 적극적으로 통합될 수 있다.

사람의 어려움을 의료적이거나 개별적인 문제로 인식되는 경향이 있다. 그러나 이 어려움에 대처하는 과정은 의료적이거나 개별적인 접근만으로는 충분치 않거나 부적절한 경우가 많다. 사람들이 처한 어려움은 사회적, 환경적 변화를 통해서 해결될 수 있는 부분이 상당하다. 그래서 의료 인력은 의료접근을 하는 것이 기본적인 정체성이라면 사회복지 인력은 사회적 접근을 하는 것이 기본 정체성이라 할 수 있다.

4장

사회복지사의
서비스 활동

4장
사회복지사의 서비스 활동

제 1 절 / 서비스 활동의 개요

　사회복지조직에 속한 사회복지사의 활동은 상담, 가정방문과 같은 직접적인 돕는 활동에서부터 지방정부나 중앙정부의 사회복지정책에 영향을 미치는 활동에 이르기까지 다양하게 이루어진다. Lewis와 Lewis는 지역사회 차원에서 제공되는 서비스를 직접서비스와 간접서비스라는 분류와 이용자서비스와 지역사회서비스라는 분류의 조합을 통하여 네 가지 형태로 제시하고 있다.[30]

　첫째, 직접 이용자서비스로서 상담이나 아웃리치 서비스가 대표적인 예이다. 이 유형의 서비스는 위험이나 욕구 상황에 있는 이용자에 대하여 직접적인 원조를 제공하는 활동이다. 둘째, 간접 이용자 서비스이다. 이는 특정 개인이나 집단의 문제에 관련된 소규모 환경을 변화시키기 위한 활동으로서 이용자 권익옹호, 문제 환경을 개선하려는 활동에 자문역할 등이 예이다. 셋째, 직접 지역사회 서비스이다. 이는 지역사회 구성원과 접촉하는 서비스로서, 대표적인 예로 장애 예방 교육, 사회인식개선 활동 등이 있다. 넷째, 간접 지역사회 서비스이다. 이는 지역사회의 환경과 정책이 서비스를 필요로 하는 사람들에게 우호적으로 변화할 수 있도록 하는 활동으로서 공공정책에 영향을 미치는 활동이 대표적이라 할 수 있다. 이상의 분류를 표로 제시하면 아래의 〈표3〉과 같다.

　지역사회서비스 모델에 의하여 분류된 네 가지의 범주를 서비스 차원으로 구체화 할 수 있다. 이러한 네 가지 영역의 서비스들은 개별적으로 실시되는 것이 아니라 한 사람의 전문가에 의해서 동시에 수행되는 것이 일반적이다. 예를 들어 장애아동에 대한 초기상담이나, 사회성 함양 프로그램을 주로 담당하는 사회복지사는 직접 이용자 서비스를 담당하는 사람이면서 동시에 지역사회에서 이 아동에 대한 지원 체계를 형성하는 활동과, 지역사회를 대상으로 아동기 장애 예방 프로그램을 실시하는 활동, 장애아동의 권익을 위한 제도 개선 활동 등을 동시에 수행하게 될 것이다. 이 네 가지 활동들의 비중은 이용자와 지역사회의 상황에 따라 달라질 것이다. 사회복지조직에 속한 사회복지사의 활동은 이처럼 다양하게 구성되며, 소속한 조직과 지역사회의 상황에 따라 수행하는 역할이 다를 수 있다.

표3. 지역사회서비스의 분류

구분	이용자 서비스	지역사회서비스
직접적 접근	상담 아웃리치	예방교육
간접적 접근	이용자 권익옹호 컨설테이션	정책에 영향을 미치는 활동

사회복지사의 활동을 이용자 서비스를 중심으로 보면 깊이 있는 면접과 상담 등을 통해서 이용자의 내적자원을 강화하면서 동시에 내적으로 존재하는 장애요소를 완화시키는 활동과, 지역사회 자원 연계 등을 통해서 개인이 보유하는 외적 자원을 증가시키면서 지역사회에서 불리하게 작용하고 있는 장애요소에 대한 권리옹호 등을 통해서 외적 장애를 제거하는 활동으로 구성된다. 이런 모습을 표로 제시하면 아래 〈표4〉와 같다.[31]

사회복지사가 이용자를 돕는 목적으로 수행하는 서비스 활동을 이렇게 이해하고 보면, 이용자의 상황에 맞는 다양한 실천 활동을 생각해 볼 수 있다. 이용자의 심리, 정서적 변화를 돕는 사회복지사의 활동에서는 직접적, 치료적 측면의 내적 자원을 강화시키면서 내적 장애를 제거하는 활동이 강조된다. 반면에 이용자의 주변 사람과의 관계나 환경적 측면을 지원하는 사회복지사의 활동에서는 외적 자원을 강화시키면서 외적 장애를 제거하는 연계, 옹호 활동이 핵심을 이룬다. 그러나 실제로는 이용자의 욕구가 이렇게 구분되어 존재하지 않는 경우가 대부분이다. 따라서 한 사람의 이용자에 대해서 내적 측면과 외적 측면, 자원측면과 장애측면을 동시에 이해하고, 접근하는 다양한 지원활동을 구성하는 것이 중요하다.

표4. 이용자를 돕는 사회복지사의 활동

구분	자원측면(resource)	장애측면(barrier)
내적, 심리적, 정서적 측면 (internal)	〈내적 자원의 영역〉 • 과거에 부모의 따뜻한 보살핌을 받은 기억이 있다. • 나도 어떤 시도에서 성공한 경험이 있다. • 어려운 문제를 극복한 경험이 있다.	〈내적 장애의 영역〉 • 어릴 때 성폭행 당한 일로 자주 분노감이 생긴다. • 최근에 누구에게 깊은 상처를 받아서 일에 집중하기 어렵다. • 많은 시간 무기력감에 압도당한다.
외적, 대인관계, 환경적 측면 (external)	〈외적 자원의 영역〉 • 어려울 때 찾아갈 수 있는 친구가 있다. • 집 앞에 마음의 위안을 받을 수 있는 교회(절, 성당)가 있다. • 근처에 나를 잘 도와주는 복지기관이 있다.	〈외적 장애의 영역〉 • 상시적으로 학교 친구의 폭력에 노출되어 있다. • 거처가 없어서 생활이 안정되지 않는다. • 부양의무자 조건 때문에 기초생활 급여를 못 받는다.

제2절 서비스 활동의 과정

사회복지사의 서비스 활동이 진행되는 과정은 제공하는 서비스 유형과 서비스 조직의 특성에 따라 다양하다. 이용자와의 직접적인 접촉을 통해서 서비스를 제공하는 경우를 중심으로 실제로 서비스 활동을 통하여 진행되는 과정을 제시해 보면 다음과 같다.[32]

1. 상황평가(assessment)

사회복지기관을 처음 방문하는 사람들이 직면하고 있는 상황과 욕구를 파악하는 활동인 상황평가는 다음과 같은 내용들을 포함한다.

- 의료적, 신체적, 정신적, 지적, 사회적, 직업적인 고려를 통한 이용자의 장애 평가
- 이용자의 장애가 생활에 미치는 영향에 대한 평가. 특히, 독립적으로 일하거나 생활하는데 영향을 미치는 능력 장애에 대한 평가
- 이용자의 현재 보유하고 있는 능력이나 기술에 대한 평가
- 이용자의 사회활동 참여 가능성에 영향을 미치는 경제적, 환경적 요인 평가
- 변화를 위한 이용자의 의도와 희망에 대한 조사
- 변화를 위한 이용자 스스로의 준비와 적합성 평가

상황평가를 수행하는 데는 다음과 같은 질문들이 사용될 수 있다.

- 매일 하시는 일은요? (일상생활에서의 기능 수준에 대한 질문)
- 얼마나 자주 그런 기분을 느끼시나요? (심리 상태의 안정성에 대한 질문)
- 예전에 할 수 있던 일 중에 지금은 할 수 없는 것은 무엇이

있나요? (독립성의 수준과 장애의 영향에 대한 이용자의
견해에 대한 질문)

■ 문제가 없다면 무엇을 하고 계실까요? (이용자의 능력에
영향을 미치는 다른 이슈가 있는지에 대한 질문)

■ 기분이나 건강이 좋지 않을 때, 어떤 일이 일어납니까?,
나빠지기 시작하는구나 하는 것을 알 수 있나요?, 상태를
나쁘게 만드는 요인이이 있습니까? (상태를 통찰할 수 있는
능력에 대한 질문으로 특히 정신장애를 가지고 있는 이용
자의 장애정도를 알아보기 위한 질문)

■ 귀하의 상황에 관해 저에게 좀 더 자세히 이야기해 줄 만한
사람이 있을까요? (인적 자원 망에 대한 질문)

■ 당신의 상황에 대해 제가 이야기 나누기를 원하는(이용자가
바라는) 다른 사람이 있습니까? (인적 자원 망에 대한 질문)

■ 지금껏 일자리를 찾기 위해 어떠한 노력을 하셨나요?
(이용자의 희망에 대한 질문)

■ 당신이 하고자 하는 바를 못하게 방해하는 요인은 무엇이
라고 생각합니까? (내적, 외적 장애요인에 대한 질문)

■ 당신의 자질과 능력, 자원에 대해 어떻게 생각하나요?
(스스로의 평가에 대한 질문)

수행한 상황평가가 적절하게 이루어진 것인지를 스스로 점검하기
위해서는 상황평가를 수행한 사람은 스스로에게 다음과 같은 질문을
통해서 수행을 확인할 수 있다.

■ 관련 자료들을 충분히 수집했는가? 아니면 아직도 이용자의
상태에 대해 불분명한 부분이 남아 있는가?

■ 상황평가를 통해 얻은 자료를 가지고 이용자와 함께 효과
적인 계획을 수립할 수 있는가?

■ 이용자가 기관의 서비스 자격 기준에 합당한가? 이용자의
목적이 기관의 서비스 목적 및 역할에 부합되는가?

- 자신의 계획을 진행시켜 나가려는 이용자의 역량에 부정적인 영향을 미칠 수 있는 환경적인 문제와 장애물은 무엇이 있는가?
- 자신의 계획에 포함될 수 있는 이용자의 자원과 힘은 무엇이 있는가?
- 이용자를 위한 최상의 서비스를 우리기관에서 제공해 줄 수 있는가? 아니면, 다른 기관에 의뢰하는 것이 현명한 일인가?
- 이용자가 정확한 정보를 나에게 주었는가? 아니면, 그가 말한 내용이나 작성한 내용이 다른 자료에 비추어 볼 때, 일치되지 않는 부분이 있는가?
- 정보 수집을 위해 지역사회의 어떤 자원을 활용할 수 있는가?

2. 계획의 수립과 실행

서비스 계획수립에 포함되는 내용은 다음과 같다.

- 전달되어야 할 서비스의 종류
- 서비스의 전달 방법
- 서비스 전달자
- 전달되어야 할 시간

서비스 계획을 수립하는 데는 이용자에게 다음과 같은 질문들이 사용될 수 있다.

- 향후 6개월 동안 어디에서 무엇을 하고 싶으세요?
- 당신에게 세 가지 소원을 누군가가 들어준다면 세 가지 소원으로 무엇을 말하겠습니까? (이 질문의 의도는 이용자가 그의 삶을 통해 이루어지기를 바라는 것에 대해 적극적으로

생각해 보도록 하게 하려는 것이지 희망사항을 나열하도록
하려는 것이 아니다.)

- 과거 경험을 통해 볼 때 당신의 원하는 바를 이루었다는
  것을 어떤 기준으로 판단하십니까?
- 당신의 원하는 바를 이루기 위한 노력을 가로막는 것이 지금
  당신의 생활 가운데 있나요? (이용자로 하여금 심리적, 정
  서적, 직업적, 사회적 등 자신의 삶의 모든 면을 주시할
  수 있도록 독려하려는 질문이다.)

서비스를 지원하는 사람이 계획수립이 잘 되었는가를 점검하는데
스스로 다음과 같은 질문들을 통해 점검할 수 있다.

- 계획을 수립함에 있어서 이용자의 적극적인 참여가 있었는가?
- 이용자의 목적은 실현 가능한가? 계획된 전략들은 비용,
  시간, 필요한 노력의 정도 등에서 볼 때 성과를 얻기 위해
  가장 효과적인 수단인가?
- 계획은 기관의 목적, 비용, 일정, 서비스 기준뿐만 아니라
  이용자의 목적을 충족시키고 있는가?
- 계획을 완성하기 위한 시간배분은 현실적인가?
- 계획은 이용자에게 도전을 제공하는가? 계획은 이용자의
  능력 개발을 촉진하는가?
- 이용자와 사회복지사는 각자의 역할과 책임을 함께 이해하고
  있는가?
- 이용자와 사회복지사는 계획의 방해물을 예견하고 있는가?
  이에 대한 사전대책을 생각하고 있는가?
- 계획은 사용 가능한 자원의 창의적 활용을 포함하고 있는가?
- 절차 및 행정상의 조정은 이루어졌는가?

3. 점검과 평가

계획의 점검과 평가를 위해서는 다음과 같은 중요한 요소들이 고려
되어야 한다.

- 전화를 하든 아니면 직접 만나든, 이용자와 규칙적으로 연
  락을 취하는 것은 효과적인 프로그램 점검에 필수적이다.
- 빈번한 대면이 여의치 않을 경우, 이용자와 정기적인 연락을
  취할 수 있게 하는 효과적인 방법이 전화라고 할 수 있다.
- 사회복지사는 이용자와 관련된 사람들과 일대일로 직접 만
  나는 데 시간을 할애함으로써 얻게 되는 성과에 대해서도
  고려해야 한다. 고용주, 의사, 가족들과 효과적인 업무상의
  관계를 수립해 놓는 일이 프로그램의 성패에 갈림길이 될
  수도 있다.
- 이용자, 의사, 고용주 등과 연락을 취하는 것 때문에 생기는
  수많은 활동들을 놓치지 않기 위해서 모든 정보를 이용자
  파일이나 업무수첩 혹은 서비스 관리 철에 즉시 기록해 두
  는 것을 습관화해야 한다.
- 사회복지사는 모든 이용자가 프로그램에 임하고 있는지 혹은
  자신이 무언가 망각하고 있는 일은 없는지를 확인하기 위
  하여 자신이 담당한 모든 사례들을 정기적으로 점검할 있는
  시간을 가져야 한다. 그리고 적절한 주기의 검토절차는 업무
  량을 스스로 통제할 수 있도록 한다는 점에서도 중요하다.
- 사회복지사는 매일 아침 하루를 계획하는 데 시간을 들여
  야 한다. 이 일을 하게 되면 대부분의 사회복지사들이 일
  상적으로 갖는 '열심히 뛰었는데, 해 놓은 일은 없다'는 느
  낌을 감소시키는데 도움이 될 수 있다.
- 이용자들에게 중요한 관계자들을 대할 때는 다음의 몇 가
  지 사항에 유의하는 것이 중요하다.
  - 그들의 시간을 낭비하게 하지 말라.

- 전화로 정보를 확인할 수 있는 경우에는 서면 자료를 요구하지 말라.
- 빠르고 자신감 있게 말하라.

■ 서류업무를 하는 것은 사회복지사가 해야 하는 업무 영역 중의 중요한 부분이다. 이러한 일들을 부담으로 느끼지 않고 사회복지사에게 도움이 되게 만드는 것이 중요하다. 서류업무에 관해서는 가능한 양을 줄이려고 노력하는 것이 좋다. 이런 종류의 업무를 간편하게 하는 데는 다음과 같은 원칙들이 유용하다.

- 중요한 것과 그렇지 않는 것을 구별하라.
- 베끼지 말라.
- 가능하면 공문서 대신 전화나 간단한 기록을 활용하라.
- 파일에 참고 내용들을 철하여 놓으라.
- 불필요하거나 낡은 행정절차를 바꾸기 위한 해결책을 제시하라.

■ 이용자에게 편지를 쓸 때에는 다음의 원칙들을 생각해볼 필요가 있다.

- 이용자가 이해할 수 있는 수준으로 써라. 즉, 면접할 때의 대화 수준으로 써라.
- 절대로 전문 용어를 사용하지 말라.
- 이용자가 사용하는 단어를 사용하라.

■ 보고서 작성의 경우에는 다음의 사항들을 기억해 두는 것이 유익하다.

- 간결해라.
- 보고서를 읽게 될 사람의 이해력에 적합한 수준으로 보고서의 수준을 정하라.
- 비슷한 구조로 된 양식을 사용하라.
- 객관적인 증거에 근거하라.
- 상황 직후 가능한 한 빨리 보고서를 작성하라.
- 서면상의 기록은 공식적인 서류가 됨을 기억하라.

■ 파일 기록은 말 그대로 요점을 적는 것이지 소설을 쓰는 것이 아니다. 다음과 같은 지침은 유용할 수 있을 것이다.
- 요점만 쓰게끔 하는 양식을 사용하라.
- 이용자가 읽고 이해할 수 있게 써라.
- 간결하게 핵심 이슈들을 다루라.
- 계획과 관련해서 꼭 필요한 부분만 상세하게 기록하라.

■ 프로그램 계획에 대한 지속적인 평가는 계속적으로 서비스가 목적 지향적이게 하고 계획된 비용과 일정에 따라 움직이게 한다. 이러한 평가에 이용자를 참여시키는 일은 프로그램에 대한 주인의식을 갖게 하는 데 중요하다. 모든 과정과 업무의 진행은 이용자에 적절한 것이어야 하고 이용자와 관련된 것이어야 한다.

■ 이용자와 신뢰를 형성하고 유지하기 위해서 다음 사항을 유의할 필요가 있다.
- 이용자에게 허락을 받지 않고서는 누구와도 접촉하지 않는다.
- '언제나 무엇을 할 예정입니다.'라고 말한 후에 그 일을 한다.
- 이용자에게 파일에 무엇을 기록했는지에 대해서 개방적이 된다.

서비스의 점검과 평가 활동이 적절하게 수행되고 있는지를 스스로 확인하기 위해서 다음과 같은 질문들이 사용될 수 있다.

■ 내가 맡은 각 사례들이 어디만큼 와 있는지를 알고 있는가?
■ 특정한 이용자에 대해 내가 느끼는 바를 '낙천적이다, 호감을 준다, 염려가 많다, 불안하다, 비참여적이다, 부정적이다' 등 중에서 어떻게 묘사할 수 있을까? 이러한 느낌들이 내가 이용자에게 보인 모습들과 어떤 연관성은 없는가?
■ 내가 이 사례에 적극적으로 참여하고 있는가? 그렇지 않다면, 그 이유는? 그리고 어떻게 바꿀 수 있는가?

- 이용자가 좋아지고 있음을 어떻게 평가할 수 있는가? 이에 대해 확인하기 위해서 내가 연락해야 할 가장 중요한 사람은 누구인가?
- 내가 이 이용자와 일하는 것에 애정을 가지고 있는가?
- 내가 맡은 사례 중 질질 끌고 있는 일은 없는가?
- 내가 그 이용자에게 언제 마지막으로 연락했으며 그에게 언제 다시 연락해야 하는가?
- 예상했던 비용 내에서 프로그램이 유지되고 있는가?
- 프로그램이 여전히 초기목적에 주안점을 두고 진행되고 있는가?
- 더욱 효과적인 방법으로 이용자의 목적을 충족시켜 줄 수 있는가?

4. 종결

사회복지서비스 실무에서 다음과 같은 상황이 발생할 때 서비스가 종결을 고려해야 한다.

- 여러 활동들에 이용자를 참여시키려는 시도가 아무런 반응을 얻지 못한다.
- 진행되는 일들에 생기가 없고 적극성이 없어진 듯하다.
- 면접이 사교적인 대화처럼 되어 버렸다.
- 대부분의 전략과 활동들이 완결되었다.
- 이용자가 종결을 요구한다.
- 이용자의 능력 손상이 더 이상 사회적 불리함을 초래하지 않는다.

종결을 고려하는 시점에서는 다음과 같은 질문들을 통해서 종결이 적절한지, 종결과 함께 이루어져야 하는 지원활동은 없는지를 검토한다.

- 이용자가 목적을 성취할 수 있도록 도울 수 있는 다른 서비스가 있는가?
- 의뢰자와 알려야 할 필요가 있는 관계자들에게 프로그램의 성과에 대해 알렸는가?
- 적절한 사후관리 방향을 세웠는가?
- 이용자가 목적을 성취하지 못하였다면, 그것을 의논하고 대안을 모색했는가?
- 이번 사례를 통하여 내가 앞으로 다른 이용자에게 도움을 줄 수 있는 무언가를 배웠는가? 다음에는 무엇을 다르게 할 수 있겠는가?
- 이 사람을 다른 기관에 의뢰해야 하는가?
- 이용자가 종결을 요구했거나 서비스에 대한 불만을 표현했다면, 그 이유를 알고 있는가? 나의 개인적인 스타일과 기관의 서비스 전달을 개선함에 있어서 내가 할 수 있는 일은 무엇인가?

제3절 사회복지사가 갖추어야 할 역량

사회복지사의 실무활동은 정책 환경과 소속한 사회복지 조직의 영향을 크게 받는다. 사회복지사가 이에 대해서 잘 아는 것은 실무활동에 중요한 영향을 미치며, 다음과 같은 요소들을 갖추어야 한다.

- 사회 전반에 대한 지식
- 서비스에 관련된 중앙정부와 지방정부의 정책에 대한 지식
- 소속조직, 관련기관들의 정책과 변화에 뒤처지지 않는 능력
- 변화하는 정책에 따라 원칙과 업무 실행을 변경시키는 능력
- 서비스 개발을 위해 이용자의 욕구와 서비스를 분석하고 마케팅 하는 능력

- 효과적인 업무수행을 위해 지역사회 기관들과 연계를 맺고 이를 유지시키는 능력

사회복지사의 실무활동은 높은 수준의 개인의 성실성과 윤리적 책임을 요구한다. 이런 차원에서 다음과 같은 요소들을 갖추어야 한다.

- 개인적인 성실성과 전문직의 가치를 확고히 유지하는 능력
- 윤리적이고 합법적인 테두리 안에서 일하는 능력
- 어느 때나 가능한 최상의 서비스를 제공하려고 전념하는 능력
- 비밀보장을 책임지는 능력
- 자신의 장점, 단점, 좋아하는 것과 싫어하는 것을 파악하는 능력
- 최대한 객관적, 전문적이면서 이용자의 최상의 이익을 위해 일하는 능력
- 긴박한 긴장과 촉박한 시간 중에도 능률적으로 일하는 능력
- 업무 실천과 성과를 비판적으로 평가하는 능력
- 건전한 삶의 방식과 행복에 관한 이슈들을 이해하는 능력
- 경험 속에서 꾸준히 배우는 능력
- 계속되는 전문성의 개발에 적극적으로 참여하는 능력

사회복지사의 실무활동은 전문적인 지식과 기술을 바탕으로 도움이 필요한 사람들을 돕는 활동이다. 사회복지사는 다음과 같은 전문성의 요소를 갖추어야 한다.

- 다양한 상담 기술에 대한 지식, 그리고 이에 대한 전문적인 숙달
- 최신 학문의 독특한 기술에 대한 지식, 그리고 이에 대한 전문적인 숙달
- 컴퓨터에 근거한 기술에 대한 지식

- 다른 팀 구성원들의 독특한 기술에 대한 지식
- 다른 팀 구성원들에게 적절히 의뢰하는 능력
- 전문분야의 서비스를 설계하고 실행하는 능력
- 조직에서 자신의 효율적인 업무 실천체계를 구축하는 능력
- 자원을 쉽게 이용할 수 있는 환경으로 상황을 바꾸는 능력
- 이용자와 관련된 행정적인 업무를 즉각적으로 처리하는 능력
- 행정 업무를 효율적으로 처리하는 능력

사회복지사의 활동은 개인이 독립적으로 일하는 경우보다는 사회복지 기관에 소속되어 돕는 활동을 수행한다. 사회복지사는 소속한 조직에서 조화롭게 일하기 위해서는 다음과 같은 요소들을 갖추어야 한다.

- 개별적인 업무와 팀의 일원으로서의 업무 사이에 균형을 유지하는 능력
- 경험, 기술, 지식을 팀과 함께 나누는 능력
- 부서 내에서 서비스의 질을 극대화시키고 고도화시키는 능력
- 후배들과 학생들에게 전문적인 슈퍼비전을 줄 수 있는 능력
- 필요한 경우 다른 부서의 일에도 적극적으로 참여하여 도움을 줄 수 있는 능력
- 이용자와 팀 구성원 그리고 자신의 안전과 보안에 신중을 기하는 능력

일선에서 도움이 필요한 사람들을 돕는 활동은 이용자를 이해하고, 이용자의 상황을 긍정적으로 해석하고, 주변의 환경을 이용자에게 도움이 되도록 구성하는 등의 활동으로 구성된다. 이런 활동들을 수행하기 위해서는 일정 수준의 사교성과 분석능력을 동시에 요구한다. 사회복지 조직에 속하여 이용자를 돕는 활동을 하면서 조직의 다른 구성원들과 조화로운 관계를 유지할 수 있는 능력은 사회복지사의 타고난 성격과 돕는 활동을 하는데 필요한 훈련이 더해지면서 만들어진다.

사회복지사의 사회복지 공부

5장

사회복지사와
지역사회

5장
사회복지사와 지역사회

제1절 사회복지사와 지역사회실천

사회복지사는 지역사회에서도 활동해야 할까? 어려움을 호소하는 개인의 문제만 해결하면 되는 것 아닌가? 이 문제에 대한 생각부터 간단하게 정리하고 시작하자. 첫 번째 이유로 떠오르는 것은 2장에서 이야기했듯이 한 사람의 문제는 개인에게만 비롯되는 것이 아니라 주변 사람들과의 관계, 거주 지역의 특성, 나아가 지역, 민족, 국가 등의 소속 집단의 문화와 모두 연관되어 있다고 볼 수 있기 때문에 개인의 문제 해결을 위해서는 지역사회의 문제까지 살펴야 한다고 생각해볼 수 있다. 두 번 째 이유로는 지역사회의 문제가 개인적 문제의 근본 원인일 수 있기 때문에 지역사회를 신경 쓰지 않고 개인적 문제만 들여다보는 방법은 미봉책에 불과할 것이라는 것이다. 이 두 가지 생각은 성격을 달리 하지만 공통적으로 사회복지실천이 지역사회를 간과해서는 안된다는 생각을 품고 있다. 도움을 필요로 하는 개인에게 도움을 제공해야 한다는 사회복지 실천의 기본 윤리를 감안하면 사회복지사가 지역사회를 사회복지실천의 대상으로 삼는 것은 적절해 보인다. 그런데 지역사회란 뭘까?

우리가 지역사회 사회복지실천을 이야기할 때 '지역사회'라는 단어는 community라는 영문 원어를 우리말로 번역한 것이다. 더 이야기하겠지만 지역사회는 공동체라는 개념보다 협소하여 본 의미의 범위를 넓히는데 어려움이 따른다. 이런 점에서 공동체라는 더 적절해 보이는 번역어를 두고 왜 지역사회라는 번역어를 썼을까에는 아쉬움이 남는다.[33] 지역사회는 두 가지 의미로 나누어 생각해 볼 수 있다. 첫째, 지리적 (geographic) 지역사회의 개념이 있다. 함께 거주하는 공간이라는 의미로 동네, 마을과 같은 이미지를 떠올려 보면 된다. 이 개념은 장점이 많지만 위에서 잠시 언급했듯이 한계가 있다. 교통과 통신의 발달로 이제는 사람들 간에 원거리 교류가 가능하다. 그래서 지리적으로는 가까이 있는 사람들과는 친밀하지 않더라도 멀리 떨어져있는 사람과 가까이 있는 느낌을 가질 수도 있다. 지리적 지역사회의 의미는 이와 같은 상황을 포착할 수 없다. 지역사회의 의미를 좀 다른 관점으로 보면 비슷한 관심을 가진 사람들의 모임 정도의 의미로 정리해볼 수 있겠다. 즉, 공동의 경제적, 문화적 욕구를 지닌 사람들의 그룹 등이 이에 속할 수 있겠는데, 예를 들면, 발달장애인 부모 모임, 성소수자 모임 등은 같은 지역에 거주하지 않더라도 공통의 문화적 이해를 공유하는 지역사회 집단으로 여길 수 있겠다(이런 점에서 커뮤니티를 공동체가 아니라 지역사회로 번역하여 쓰고 있는 것은 아쉽다고 볼 수 있겠다). 다만, 이 관점 아래서 지역사회 실천을 수행하고자 할 때에는 어려운 점이 적지 않다. 구성원의 범위가 무제한적이라고 볼 수 있을텐데 어떤 사회복지사가 업무를 수행해야 할 것이며, 재정은 어디로부터 지원되는 것이 적절한지 등은 풀기 어려운 과제가 될 것이다. 그래서 '지역사회실천은 지역에 기반에 두지 말고 계급, 문화, 이익에만 초점을 두어야 한다'는 혹자들의 주장은 필자가 보기에 매우 비현실적인 이야기로 들린다. 오히려 '지역에 기반을 두면서 공통의 관심을 두는 그룹을 위한 행동'이 지역사회실천의 현실적인 정의가 아닐까 생각된다.

위의 지역사회의 정의에 따르면, 지역사회의 중요한 요소는 지역성과 이를 기반으로 한 구성원들의 공통된 관심사, 그리고 관심사가 오갈 수 있는 구성원들 간의 관계라고 정리해 볼 수 있겠다. 따라서 지역사회실천의 특성을 거칠게 정리해보면 다음과 같다. 경계를 가지고 있는 특정 지역을 기반으로 하고, 그 지역에 속한 구성원들의 욕구를 내용으로 하며, 이 욕구를 구성원들이 공유하고 있음을 서로 알 수 있는 정도가 될 수 있겠다. 이러한 개념적 틀을 바탕으로 사회복지사들은 그동안 지역사회를 바탕으로 어떤 종류의 활동을 해왔고 어떤 어려움을 겪고 있는지 살펴보자.

지역사회실천의 여러 형태 - 로스만 모형

지역사회를 바탕으로 한 사회복지실천은 계획, 지역성 개발, 행동의 세 종류로 크게 나뉠 수 있다. 일단 간단하게 설명해보면 계획은 전문가들의 지혜를 모아 당면한 지역사회 문제를 해결하자는 것이고, 지역성 개발은 지역사회 구성원들의 지역사회 이슈 논의 및 해결에의 참여를 촉진하고 이의 유지를 위해 노력하는 것이고, 행동은 지역사회 구성원들이 경험하는 불편부당함의 해소를 위해 사회운동을 전개하는 것이다. 이와 같은 세 가지 모형은 사실 미국 미시간대학교 사회복지학과 교수인 Jack Rothman에 의해 제안된 것이고,[34] 그 이후로 수많은 지역사회실천 모형이 소개되었으나 대개 세 모형의 변형이라고 봐도 무방한 수준이다. 본 절에서는 이 세 가지 모형의 특성을 좀 더 자세히 들여다보고 우리나라 지역사회실천의 상황을 이에 비추어 따져보고자 한다.

첫째, 사회계획 모형의 핵심적인 아이디어는 지역사회의 문제를 해결하는데 과학적이고 합리적인 지식과 기술을 활용하는 것이다. 따라서 이 모형에 따르면 지역사회 문제는 현존 지식과 기술을 동원하여 해결할 수 있는 지역사회 주택 문제, 노숙인 문제 등이다. 과학적이고 합리적인 지식과 기술을 동원한다는 점에서 전문가들의 역할이 강조된다. 이 모형에서 전문가들은 지역사회의 문제 확인(사람들에 의해 문제라고 생각되는 것이 과학적 지식에 의해 문제로 평가), 사정(assessment; 구체적 항목을 기준 삼아 문제를 평가), 목표 설정(큰 틀에서의 지역사회 문제과 그 세부 문제의 해결), 프로그램 등의 전달(문제해결에 가장 적절하게 구성된 방안), 평가(목표 달성 여부)의 모든 실천과정에 참여한다. 이 모형은 우리나라 지역사회실천에 가장 많이 사용된다고 볼 수 있다. 중앙정부, 지자체, 민간 조직 등 지역사회 문제를 다루는 모든 곳에서 전문가들이 지역사회 의제를 설정하고 이를 분석, 해결방안 도출, 수행과 평가에 참여하고 있다. 하지만 이 모형의 단점도 바로 여기에 있다. 전문가들의 과학적 지식이란 반드시 가치중립적인 것이 아니다. 하나의 지역사회문제를 두고도 전문가들의 성장배경에 따라, 현재의 정치적 자세에 따라 다른 해법을 내놓을 수 있는 법이다. 예를 들면 지역사회에서 어떻게 노인을 돌보야 하느냐에 관한 해결책을 두고도, 어떤 전문가들은 시장에 모두 맡겨야 한다는 방안을, 어떤 전문가들은 국가에 모두 맡겨야 한다는 방안을 이야기할 수 있다. 물론 이는 각 전문가들이 가지고 있는 여러 요인들이 각자의 '과학적' 지식에 영향을 미친 결과일 것이다. 또한 전문가들 개인이 가지고 있는 성향이 지식과 기술에 영향을 미칠 뿐만 아니라, 전문가들이 외부의 영향력에 의해 선택될 수도 있다. 필자가 느끼기에는 연구자가 정책과제를 수행할 때 관료집단 혹은 기업이 선호하는 방향에서 자유롭기 쉽지 않다. 결국 사회계획모형을 수행하는데 있어 전문가의 의견이 합리적이고 객관적이라는 믿음은 그리 단단해 보이지 않는다.

둘째, 지역성 개발 모형(Locality Development Model)은 문제해결에 있어 지역사회 구성원들의 적극적 참여를 증진시키는 것을 목적으로 하는 것이다. 지역개발모형이 아니라 지역성 개발모형이라고 부르는 이유가 이 것이다. 지역개발local development 이라고만 말한다면 아마도 특정 지역의 경제적, 정치적 발전을 도모하는 형태가 될 것인데, 지역을 기반으로 하는 일종의 추상적 개념인 지역성을 개발한다는 것은 지역사회 구성원들의 지역사회 문제해결에의 참여를 뜻하는 것으로 쓰여온 것이다. 따라서 이 모형에서는 문제해결에 구성원들의 민주적인 참여를 위한 조정, 시민의식 고양을 위한 교육, 토착 리더십의 개발 등을 강조하게 된다. 일반적으로 지역사회복지관에서 사회복지사들이 주민들을 프로그램에 지속적으로 참여시키려는 노력, 지역문제에 장기적으로 참여할 수 있는 토대의 마련 등이 이에 속한다. 독자들도 느꼈겠지만 이 모형이 맞닥뜨릴 수 있는 가장 큰 단점은 시간이 오래 걸린다는 점이다. 주민들은 모두 각자의 직업이 있을 테고 매우 제한된 시간 안에서 지역사회 문제에 신경 써야 할텐데 모이는 것에 합의를 했다손 치더라도 모이는 시간을 맞추는 것부터 쉽지 않을 것이다. 그리고 모인 후에도 서로의 생각이 다르면 함께하기 어려운 법이다. 모이는 것도 어려운데 모이더라도 합의를 이뤄내는 것은 쉽지 않은 것이다. 여기서 필자가 한마디 코멘트를 달고 싶다. 혹자들은 지역사회

구성원들 모두 민주적인 참여를 이루는 것이 가장 최고의 가치이기 때문에(마치 드러난 문제는 해결되지 않아도 된다는 느낌을 줄만큼) 그 과정이 절차상으로 완벽하지 못하면 윤리적인 문제가 있다고 주장한다. 그러나 우리나라에서 지역사회실천을 수행해본 경험이 있는 사람은 이와 같은 주장이 얼마나 무책임하고 비현실적인가하는 생각을 하게 될 것이다. 사람들의 마음을 한데 모으는 일은 그야말로 어려운 일이다. 그러한 제한 아래서 문제해결을 위해 열심히 노력하고 있는 현장 활동가들을 무력하게 만들어서는 안된다.

지역성 개발 모형을 논할 때 함께 주로 등장하는 사회과학 용어 중 하나가 사회자본(Social capital)이다. 사회자본의 주요 세부개념 중 하나가 지역사회 참여이기 때문이다. 그런데 사회자본은 상당히 다양한 의미로 쓰이고 있어 독자들의 이해에 혼란이 있기 때문에 여기서 간단히 정리하고자 한다. 사회자본은 신뢰, 참여, 관계, 호혜성 등으로 구성된다고 여겨지는 개념으로 지역성 개발과 유사하기는 하지만 다른 맥락으로 쓰이기도 한다. 사회자본은 크게 두드러지는 세 가지 개념적 흐름이 있다. 첫째는 지역성 개발과 가장 유사한 개념으로 지역사회참여를 중시하는 패러다임으로 미국 정치학자 로버트 퍼트남이 주요 학자이다. 퍼트남의 주요 저서 중 하나인 〈나홀로 볼링Bowling Alone〉은 예전에 지역사회에서 사람들이 함께 모여 볼링을 치는 등의 모임을 가졌을 때 미국민주주의가 꽃을 피웠는데, 이제는 더 이상 사람들이 모이지 않아 미국민주주의가 침체일로에 들어섰다고 설명한다. 둘째는 사회자본의 경제적 속성을 강조하는 패러다임으로 제임스 콜먼 등이 주요 학자로 꼽힌다. 여기서 사회자본은 주로 신뢰의 효과에 주목한다. 학부모 모임이 활성화되어 있는 학교에서 학생들의 성적이 좋다거나(부모들끼리 서로 알고 있어 숙제가 없다는 거짓말을 할 수 없으니까!), 유태인 뉴욕 보석상들 간에 보험을 들지 않고도 보석 거래를 함으로써 거래비용을 낮추는 등의 예를 들어 사회자본의 경제적 효율성을 역설한다. 마지막은 피에르 부르디외 류의 사회자본의 부정적 효과를 강조하는 흐름이다. 사회자본은 가진 자들 간의 교류를 통해 공유하게 되고 이 과정을 통해 가진 자들의 관계를 다지고 경계를 공고하게 하는데 기여한다는 것이다. 사회 불평등의 한 원인으로서의 사회자본을 이야기하는 것이다. 우리나라에서도 드라마나 영화에서, 재벌들끼리만 서로 어울린다거나, 특정 대학 출신들끼리 서로 인사나 승진에 영향을 주고받는 꼴사나운 모습을 볼 수 있는데 이러한 현상에 대해 사회자본 이라는 개념을 통해 비판을 가하는 것이다. 지역사회실천과 관련하여 사회자본을 다룰 때에는 첫 번째 개념, 즉 지역사회참여의 개념을 적용하는 것이다. 지역사회 사회자본 증진을 이야기하는데 사회 불평등의 내용이 등장한다거나 하면 일단 사회자본의 의미가 다양하다는 점을, 그리고 자세하게는 위의 설명을 생각해보면 되겠다.

마지막 모형으로는 사회행동모형을 들 수 있겠다. 사회행동모형은 지역사회 구성원들이 경제적, 정치적으로 억압 받고 있는 상황에 대해 근본적인 개혁을 시도하는 것이다. 주로 사회적 약자들이 스스로의 권력을 강화할 수 있도록 돕는다. 이 모형에서 다루는 지역사회 문제가 주로 권력과 관계되어 있어 과격한 전술을 동원하는 경우가 많다. 예를 들면, 시위, 행진, 캠페인 등이 이에 속한다. 미국에서는 오바마 전 대통령의 스승으로 알려져있는 사울 앨린스키 등이 대표적인 사회행동 활동가로 알려져 있고, 우리나라에서는 나눔의 집 등이 주도한 빈민운 동에 사회복지 활동가들이 적극 결합한 예를 들 수 있겠다. 이 모형은 사회계획 모형, 지역성 개발 모형으로는 해결할 수 없는 권력의 문제를 해결하는데 유용하지만 몇 가지 단점 또한 가지고 있다. 일단, 과격한 전술을 사용하기 때문에 위험할 수 있다. 지역사회 구성원들이 본인들의 처지 개선을 위해 분연히 일어섰다고 하더라도 동료의 위험을 목도하게 되면 활동반경이 축소되기 쉽다. 그리고 싸움은 단 번에 끝나지 않는 법이고 때마다 준비할 것도 많아 시간이 오래 걸린다. 우리 사회에 사회행동모형의 적용이 필요한 이슈가 많지만 사회복지실천에서는 이를 적극적으로 수행하지 못하고 있는데, 필자가 생각하기에 가장 큰 이유는 거의 모든 사회복지조직이 재정적으로 정부 지원에 의존하기 때문이다. 눈치를 볼 수밖에 없는 기관을 대상으로 대항의 목소리를 내기는 어려울 것이다.

이와 같은 세 가지 종류의 주요 지역사회실천의 형태를 정리해보니,

우리나라에서는 사회계획 모형에 따라 전문가들의 의견을 중심으로 과학적 지식과 방법을 동원하여 지역사회문제를 해결하고자 하는 방법이 주요 흐름인 것으로 보인다. 마을 중심의 전통적 지역사회는 점점 축소되어 가고 있고, 사회변혁의 흐름도 점점 힘을 잃어가고 있는 상황이다. 그래서 마을만들기 등의 주민 참여가 특히 강조되는 프로젝트도 '정책사업'의 형태로 전문가와 관 중심으로 운영되는 경우가 많다. 최근 사회복지계에서 활발하게 논의되고 있는 커뮤니티케어(지역사회 기반 돌봄)에서도 커뮤니티의 역할을 거의 찾아보기 어렵다는 비판이 적지 않다. 하지만 그렇다고 커뮤니티가 없는데 무슨 커뮤니티 활동을 하냐는 식의 회의감만 지속적으로 내보이는 것도 성숙한 모습은 아닐 것이다. 시민의식의 성숙을 통해 참여와 권력 대항력도 점차 길러나가면서 동시에 전문지식을 동원해 지역사회 당면 과제를 해결하는 것이 현재로서는 최선의 지역사회실천이 아닐까 싶다.

이쯤에서 짚어봐야 할 것이 있다. 현대의 지역사회 문제는 복잡해서 위의 세 가지 모형 중 하나만을 이용해서 해결이 가능할까? 예를 들어 보자. 저소득층 주거지원을 위해 국가에서는 임대주택 아파트를 보급하고 있다. 그런데 임대주택만을 따로 떨어뜨려 두면 저소득층이라는 꼬리표가 붙기 쉬우니까 비임대주택(분양)과 한데 묶어 건축한다. 이를 소셜믹스정책이라고 한다. 문제는 비임대주택에 거주하는 주민들이 임대주택주민들을 차별하는 일이 벌어진다는 점이다. 임대주택 거주 아동이 비임대주택 아파트 단지를 지나 다니지 못하도록 아파트 동 사이에 철조망을 친다거나, 비임대주택 거주자들이 거짓으로 주소를 옮겨 임대주택 거주 아동들이 없는 학교로 전학을 한다거나 하는 문제가 미디어에 종종 보도된 바 있다. 차별 받는 임대주택 거주자들을 위해 사회복지사들이 어떤 활동을 구상한다고 하면, 위의 세 가지 모형 중 어떤 모형을 이용하는 것이 좋을까? 상황이 어떤지 면밀히 따져보기 위해, 그리고 이와 같은 갈등을 어떻게 해결해왔었는지 사례를 분석하기 위해 전문가들의 지식을 동원하는 사회계획모형을 떠올려야 할까? 임대주택 주민들과 비임대주택 주민들이 한데 모여 소통할 수 있는 자리를 마련하기 위해 지역성 개발 모형을 동원해야 할까? 철조망을 제거하고 제도적으로 차별을 막기 위한 사회행동모형을 기반으로 한 활동을 그려보아야 할까? 아마도 대부분의 독자들은 이 문제의 해결을 위해서는 세 가지 모형을 다 활용해야 하지 않을까 생각할 것이다. 지역사회 문제들이 대개 이와 같이 복잡한 모양새를 띄고 있다. 한 두가지 해결책으로는 쉽게 해결하기 어렵고 여러 방안을 생각하더라도 적절하게 조합하는 것이 중요하다. 로스만의 세 가지 모형을 이용해서는 네 가지 조합이 가능한데, 이 조합들로는 전통적으로 어떠한 지역사회문제를 해소해왔는지 인용하면서 이 절을 마무리하고자 한다.

표5. 모형의 혼합[35]

모형	활용 영역
사회계획 + 지역성 개발	생협, 생산공동체
사회계획 + 사회행동	참여연대 등 전문가운동
지역성 개발 + 사회행동	여성운동, 장애인운동 등 정체성 정치
사회계획 + 지역성 개발 + 사회행동	마을만들기, 사회복지협의회

 제3절 지역사회실천을 위한 추가적 모형 - 자산기반모형과 집합적 영향

앞 절에서 정리한 로스만 모형은 지역사회 문제를 포괄하는데 매우 유용한 설명방식이다. 지속적으로 발생하는 지역사회문제들을 발굴, 분석, 해결책을 제시하는데 매우 적절하게 구성되어 있다고 볼 수 있다. 그러나 문제란 갈수록 복잡해지는 법이어서, 그리고 전에 문제가 아니었던 것이 이제는 문제시되는 경우들도 많기 때문에 전통적 틀을 바탕으로 현대적 보완방법을 동원해야 하는 경우가 많다. 이와 같은 모형 두 가지를 소개하고자 한다.

첫째는, 자산기반 모형으로 흔히 ABCD(Asset-based Community Development)모형으로 불린다. 이 모형은 기존의 수요기반(Need-based) 접근방식과 대비된다. 수요기반 접근방식은 전문가들에 의해 설정된 지표를 바탕으로 지역주민들의 결핍을 충족시키는 방식이다. 이 방식의 단점은 전문지식에 바탕한 일률적 지표를 사용하여 지역사회의 문제를 파악하기 때문에 해당 지역 특유의 문제를 해석하기 어렵고, 지역 주민들을 단순히 수동적인 정책수혜자로만 파악한다는 점이다. 이에 반해 자산기반 모형은 지역사회 문제해결에 있어 지역주민의 역할이 중심적이다. 지역주민을 지역사회의 핵심 자산으로 파악하고 문제해결에 이를 적극 활용한다. 또한 지역사회의 기관, 문화 등도 자원으로 파악한다. 하지만 이 방식은 정부의 지원을 축소시킨다는 명분을 제공하는 것 아니냐, 자원은 점점 줄어들 수밖에 없지 않느냐는 등의 비판으로부터 자유롭지 못하다. 하지만 필자의 판단으로는 중앙정부 및 지방정부의 계획 중심 일색인 현재 지역사회 실천방식으로는 지역의 복잡한 문제를 해결하기 쉽지 않다. 지역 자산을 적극 활용하는 방식을 고려해야할 때이다. 특히, 인구 이동 등으로 인해 여러 문제들을 복합적으로 가지고 있는 농어촌 지역에서는 ABCD 접근방식을 적절하게 활용하여 좋은 성과를 거두고 있기도 하다. 예를 들면 경상북도에서는 '치매보듬마을'이라는 농촌형 치매 돌봄 프로그램을 운영하고 있다. 치매보듬마을은 땅 값이 비교적 싼 경북 지역에서 치매 증상을 가진 노인들이 젊은 시절 늘 해왔던 농사일을 하면서 돌봄을 받는 프로그램이다. 이는 일종의 자산기반 접근방식이라고 볼 수 있다. 값 싼 지대와 노인들의 농업 활동의 경험은 지역의 자산이라고 볼 수 있고, 보듬마을 프로그램은 지역 자산을 활용한 프로그램이라고 볼 수 있다. 지역사회에 발생할 수 있는 다양한 문제들을 해결하고자 할 때 이처럼 각 지역마다 가지고 있는 자산을 최대한 활용하여 창의적으로 해결책을 도모할 필요가 있다.

둘째는 집합적 영향(Collective impact) 모형이다. 현대의 지역사회 문제는 한 두 조직의 힘으로만 해결되기 어렵다. 여러 전문가 집단 등의 지역사회 주체들이 한데 머리를 맞대고 해결방안을 살펴야 한다.

하지만 서로 다른 철학과 문화를 가진 집단들이 함께 일하는 것은 매우 어려운 일이다. 이러한 상황에서 협업의 조건을 최적화시키는 방식의 하나로 집합적 영향 모형을 활용한다. 이는 단순한 부문간 협동과는 다소 다르게 중추조직, 헌신적 전담직원, 협동을 이끌어내는 구조 등이 필요하다. 구체적으로는 집합적 영향 모형을 잘 구현시키기 위해서는 다음의 다섯 가지 조건이 필요한 것으로 손꼽힌다.

표6. 집합적 영향의 다섯 가지 조건[36]

조건	내용
공동 의제	모든 참가자는 문제에 대한 공통된 이해와 실천상의 협력적 접근을 포함하여 변화에 대한 비전을 공유해야 한다.
공유된 측정	자료수집과 측정의 일관성은 모든 참여자가 상대방을 신뢰할 수 있도록 한다.
공동의 강화 노력	실천계획을 강화하는 동안에도 참가자들의 활동은 차별화되어야 한다.
지속적 의사소통	신뢰를 쌓고 공통목표를 확신하게 하며 공통된 동기를 만들기 위해 지속적이고 개방적인 의사소통이 필요하다.
중추조직의 지원	참여조직을 조정하고 동기를 강화하기 위해 별도의 직원과 특별한 기술들을 동원하여 중추조직이 지원해야 한다.

여기서 가장 중요한 것은 중추조직을 따로 두는 것으로, 이는 협업 과정에서의 소통을 원활하게 돕거나 공동의 노력을 축적시키는 일을 주로 담당하게 된다. 서구에서는 지역 조직과 대학과의 협력에 집합적 영향 모형을 주로 사용한다. 지역 조직의 토착 리더십, 주민 동원력과 대학의 연구력, 권력으로부터의 자유로운 위치 등을 한데 합치고, 이런 바탕 위에서 상호 협력을 통해 지역 빈곤문제 해결 등을 위해 노력하고, 이 과정에 중추조직 등이 협력활동을 강화시킨다('Communities First Project').
우리의 지역사회 실천에서 협업 지원을 주목적으로 하는 전담직원을 따로 두는 것이 생소할지 모르겠으나 점차 협업을 통한 문제해결의

필요성이 지역사회에서 요구되고 있고 대개의 지역사회 실천에서 협업의 어려움을 호소하고 있는 상황임을 생각할 때 집합적 영향 모형의 활용을 적극 고려해야 할 때가 아닌가 싶다.

제4절 지역사회실천의 과제

지역사회 실천은 그 필요성이 점점 강조되고 있다. 지역사회 구성원들은 거주 지역에서 본인들이 느끼는 불편을 점점 더 많이 호소하고 있고, 사회복지 조직의 지역사회 실천에 관한 기대도 점점 늘고 있다. 이에 따라 사회복지사들의 지역사회 실천도 발빠르게 대응해야 해야 할텐데 현실은 녹록치 않아 보인다.

사회복지사들이 지역사회 실천을 주로 하게 되는 근거 조직은 지역사회복지관이 될 것이다. 그런데 지역사회복지관에서는 (앞선 절들에서 이야기한 종류의)지역사회 실천만을 수행하는 것이 아니라 다른 수많은 일들도 동시에 수행하고 있다(사회복지사업법에 따르면 복지관이 수행해야 하는 3대 사업은 사례관리, 프로그램 제공, 지역 조직화이다). 이런 많은 일들 중 지역사회실천은 성과를 눈으로 확인하는데 시간이 오래 걸려, 짧은 시간 안에 평가와 기관 재위탁 등에 대비해야 하는 입장에서는 전력을 기울이기 어려운 구조인 것도 사실이다. 게다가 사회적 약자들을 위해 늘어나고 있는 사회서비스도, 전통적으로 이들을 위해 일해왔던 지역사회복지관에서 점점 더 많이 담당하고 있다. 여러모로 지역사회 실천을 위한 여건이 악화되고 있는 것이다. 쉽지 않을 것이고, 금세 환경이 바뀔 것 같지도 않지만 꿈꾸는 한 마리 민물장어처럼 사회복지 실천의 근본이 지역사회 실천에 있음을 굳게 믿고 수많은 업무 와중에도 사회복지사로서의 궁극적 지향을 잊지 말기를 잊지 말자.

6장

사회복지조직과 행정

6장
사회복지조직과 행정

사회복지사는 사람을 돕는데 필요한 지식을 가지고 돕는 활동을 수행하는 사람들이다. 사회복지사의 돕는 활동은 공적인 사회의 위임에 의해서 이루어기 때문에 사회복지사는 사회복지조직에 소속되어서 일한다. 좋은 서비스가 실현되기 위해서는 사회복지사의 돕고자 하는 의도가 사회복지조직으로부터 존중과 지지를 받아야 한다. 그러나 대체로 조직은 딱딱하게 다가온다. 흔히 '조직'하면 회사조직이나 관료조직을 떠올리게 되는데, 이런 조직들은 딱딱한 규칙을 통해서 구성원을 관리하거나 통제하는 데 익숙하다. 그렇다면 사회복지조직은 이런 회사조직이나 관료조직과 어떤 점에서 같고, 또 어떤 다른 속성을 가지고 있을까? 사람을 돕는 목적이 더 잘 실행되도록 하려면 사회복지조직은 어떠해야 할까?

제1절 일반적인 행정과 사람에 대한 관점

일반적으로 행정(行政. administration, public administration)이란 법 아래에서 국가목적을 실현하기 위해 행하는 능동적이고 적극적인 활동으로, 입법과 사법이외의 국가 통치 작용의 하나이다. 행정학은 행정현상을 실증적으로 연구하는 사회과학의 한 분야이다. 법 규범의 관점에서 행정을 취급하는 행정법학과는 달리 공공목적을 달성하기 위한 조직과 관리의 과정 또는 인간행동의 체계에 주목하여 그 기능과

구조를 명확히 하는 것을 목적으로 한다. 한때 행정학·행정법학·행정
정책을 합해서 행정과학이라고 부르기도 했는데, 오늘날의 행정과학은
행정학과 같은 의미로 해석 된다. 반면에 경영(經營, management)은
사업이나 기업 등을 계획적으로 관리하고 운영하는 행위를 지칭한다.
조직속의 인간으로 하여금 조직의 목표 달성에 기여하도록 관리하는
전략이 무엇인가 하는 문제는 결국 인간관에 달려있다. 조직속의 인간
을 어떤 관점에서 이해하느냐에 따라 조직의 관리전략이 달라지기 때
문이다.[37]

1. 합리적·경제적 인간관(rational economic human)

합리적·경제적 인간관은 인간을 이성과 증거에 따라 행동하는 합리
적이고 경제적인 존재라고 보는 과학적 관리론 등 고전적 조직이론의
가설에 해당한다고 볼 수 있다. 이 관점을 구체적으로 살펴보면 다음
과 같다. 첫째, 조직속의 인간은 주로 경제적인 유인에 의해서 동기가
부여된다. 둘째, 경제적인 유인은 조직의 통제 하에 있고, 조직속의 인
간은 근본적으로 조직에 의해서 조작·통제·동기화되는 수동적인 존재
이다. 셋째, 인간의 감정은 본질적으로 비합리적이어서 인간의 합리적
계산에 입각한 이익의 추구를 방해하는 것이기 때문에 가능한 통제되
어야 한다. 넷째, 조직은 인간의 감정과 같은 주관적이고 예측 불가능한
요소들을 축소하거나 통제할 수 있도록 설계되는 것이 필요하다. 이
인간관에 부합하는 조직 관리전략은 다음과 같다. 첫째, 조직의 체제
를 합리적으로 구성하여 진정한 의미의 기계적 생산체계를 확립한다.
둘째, 조직구성원이 달성한 생산이나 업적에 따라 경제적 보상을 하는
유인체제를 확립한다. 셋째, 조직의 목표달성 노력으로부터 이탈하는
구성원에게 불이익을 주거나 제재를 통하여 통제한다.

2. 사회적 인간관(social human)

합리적·경제적 인간관이 인간을 기계와 같이 생각했다면 사회적 인간관은 인간의 사회성, 집단성, 대인관계성을 더 중시하는 관점이다. 인간은 사회적 존재이며, 사회적 관계 망을 형성하고, 관계 속에서 욕구를 충족하고 동기화된다. 사회적 인간관의 특징은 다음 네 가지로 요약된다. 첫째, 인간은 기본적으로 사회적 욕구에 의해 움직이며 타인과의 관계를 통하여 일체감을 얻으려고 한다. 둘째, 산업화·분업화로 인하여 일 자체에서 만족감을 구하기는 어렵고 대신에 직장 내에서 형성된 인간관계를 통해서 만족을 구하려고 한다. 셋째, 조직 구성원은 관리층이 제시하는 유인이나 통제보다는 동료관계의 영향이 더 중요하다. 넷째, 감독자가 부하의 사회적 욕구를 충족시켜주는 정도에 따라 인간은 조직에 순응하고 동조한다. 사회적 인간관에 부합하는 관리전략은 다음과 같다. 첫째, 조직구성원의 욕구, 감정, 복지 등에 관심을 두어야 한다. 둘째, 공식조직 속에서 자생적이고 비공식적인 집단을 인정하고 수용해야 한다. 셋째, 중간 관리자들은 하급자들을 최고 관리자와 연결하는 가교역할을 해야 한다.

3. 자기실현적 인간관(self-actualizing human)

자기실현적 인간관은 인간의 심리적인 면에 착안하여 그들이 갖고 있는 자기실현의 욕구를 강조한다. 매슬로우(Maslow), 맥그리거(Mcgregor) 등의 심리학자들에 의해서 제안된 관점으로 인간은 자기의 자질과 능력을 최대한 생산적으로 활용하려는 욕구를 가진 존재로 본다. 인간은 자율적으로 자기통제를 할 수 있고, 스스로 동기부여를 할 수 있다고 본다. 이 관점의 특징은 다음과 같다. 첫째, 인간은 자기를 실현하기 위하여 낮은 단계에서 높은 단계로 나아가면서 욕구를 충족하려고 노력한다. 둘째, 인간은 성숙을 지향한다. 셋째, 인간은 원래 자율성과 자제력이 있다. 넷째, 인간의 자아실현 욕구와 조직의 목표달성 간에는 내재적인 모순이나 갈등이 없다. 자기실현적 인간관의 관점에서는 다음과 같은 관리전략이 적절하다. 첫째, 조직 구성원들이 스스로 자신들의 직무에서 의미를 발견하고, 긍지와 자존심을 가지며, 도전적으로 직무를 담당하도록 한다. 둘째, 관리자는 조직구성원의 내재해 있는 자율성과 성숙의 동기를 존중하여 지시하거나 통제하는 역할보다는 촉진하거나 지원하는 역할을 한다. 셋째, 구성원들이 스스로 자기통제와 자기계발을 통해서 문제를 해결하도록 한다. 넷째, 경제적인 또는 사회적인 보상과 같은 외적인 보상보다는 성취감과 만족감과 같은 내적인 보상을 얻을 수 있도록 돕는다. 다섯째, 구성원들을 조직 내의 의사결정에 참여시켜 진정한 참여의식을 가지고 조직의 목표에 기여하도록 한다.

4. 복합적 인간관(complex human)

복합적 인간관은 인간은 다양한 욕구와 잠재력을 가진 복잡한 존재이며 그 복잡성의 유형도 사람마다 다르다고 본다. 이와 같은 특징 때문에 모든 개인 또는 모든 상황에 통용될 수 있는 관리전략을 수립하는 것은 어렵다고 본다. 이 관점의 기본가정은 다음가 같다. 첫째, 인간의 욕구체계는 복잡하며 고도의 가변성을 가진다. 둘째, 인간은 조직생활 경험을 통하여 새로운 욕구를 계속 터득해 나간다. 셋째, 소속한 조직이나 조직 내의 부서가 다르거나 역할이 다르면 사람의 욕구도 달라질 수 있다고 본다. 넷째, 조직에 생산적으로 참여하는 계기가 되는 욕구는 사람마다 다를 수 있다. 다섯째, 인간은 욕구, 능력, 업무 등이 다름에 따라 서로 다른 관리전략이 필요하다고 본다. 복합적 인간관의 관점에서는 다음과 같은 관리전략이 요구된다. 첫째, 인간의 욕구는 복잡하고 가변적이기 때문에 관리자들은 훌륭한 진단자가 되어야 하며, 이를 위한 탐구정신이 요구된다. 둘째, 관리자들은 구성원들의 차이를 인지하도록 노력하고, 그러한 차이를 존중해야 한다. 셋째, 구성원들의 욕구와 동기가 서로 다르기 때문에 각 개인을 다룰 때 신축적인 관리전략을 수립해야 한다.

제2절 사회복지조직과 행정의 실제

사회복지행정과 사회복지조직을 알아야 하는 이유는 사회복지사의 대부분의 활동은 조직에 소속된 신분으로 이루어지고, 이들의 활동에 대한 위임과 감독은 사회복지조직의 책임이다. 사회복지사의 활동이 효과적으로 이루어지기 위해서는 사회복지조직은 사회복지사의 활동을 지원하고, 사회복지사의 활동은 조직이 추구하는 목표와 규칙에 부합해야 한다. 사회복지조직에 소속한 사회복지사는 조직으로부터 권한을 위임받아 위임받은 범위 내에서 조직의 책무를 실현하는 활동을 한다.

사회복지행정을 교육하는 목적은 사회복지사들이 사회복지조직의 일선 담당자로서 조직에서 일하고, 이용자와 함께 하는 자신의 일을 조직이라는 매개를 통하여 가장 효과적으로 실천하도록 돕는 목적을 가지고 있다. 다음의 예시된 기관에서 처음 일하게 된 사회복지사가 있다고 하자, 이 사회복지사는 기관에서 일하면서 여러 가지 의문을 가지게 될 것이다.

[시나리오]

서울시 구로구에 성공사회복지관이라는 기관이 있다. 구로구청에서 위탁한 기관이며, 운영주체는 사회복지법인 성공복지재단이다. 건물은 3층 건물이며, 전체 면적은 1,000평 정도이다. 직원 수는 전체가 30명인데, 26명은 복지관의 정규 정원에 속한 직원이며, 4명은 산모신생아도우미, 지역사회서비스 투자사업 등 이용권(바우처) 서비스를 담당하는 비정규 직원이다. 총 재정 규모는 연간 25억 원이며, 위탁운영 복지관의 재정은 연 20억, 이용권 서비스의 매출규모는 연 5억 수준이다.

내가 이 기관에 처음 입사한 신입 사회복지사라면 다음과 같은 질문들이 궁금할 것이며, 이 질문들에 대해서 잘 알아야 이 조직에 적응하고 조직적 요소들을 업무에 활용하는데 도움이 될 것이다.

1. 이론과 기초

- 이 기관은 나를 어떻게 바로 볼까? 알아서 자기 일을 찾아서 하는 자율적이고 자발적인 사람으로 볼까, 아니면 하나하나 업무를 지시하고 일을 게을리 하지 않는지 감시해야 하는 사람으로 볼까?
- 나를 고용한 주체는 누구인가? 구로구청인가, 사회복지법인 성공복지재단인가, 성공복지관 관장인가?

2. 서비스 전달체계

- 성공사회복지관이 준수해야 하는 법률이나 규칙이 있는가?
- 우리기관을 감독하는 구로구청은 어떤 감독권한을 가지고 있는가, 서울시는 어떤 영향력을 가지고 있는가, 중앙부처인 보건복지부는 어떤 권한을 가지고 있는가? 우리 기관의 운영에 있어 구로구청의 권한은 무엇이고, 법인인 성공복지재단의 권한은 무엇이고, 기관인 복지관의 권한은 무엇인가?
- 우리기관을 운영하는 25억 원의 돈은 어디로부터 오는가? 복지부, 서울시, 구로구청이 우리기관의 예산에 대하여 각각 얼마씩 부담하고 있는가?
- 우리기관을 찾아오는 이용자들 중 어떤 사람들에게 서비스를 제공해야 하는지에 대한 서비스 자격기준이 있는가? 이용자들이 우리기관에 불만이 생기면 어디에 이의를 제기할 수 있는가?

3. 조직과 환경

- (조직구조) 우리기관은 사례관리팀, 가족지원팀, 지역복지팀, 기획총무팀 등 4개 팀으로 구성되어 있는데, 이렇게 팀을

구성한 이유가 있는가? 다른 복지관도 모두 같은 방식으로 팀을 구성하고 있는가, 다르게 하는 기관은 어떻게 구성하고 있는가?

■ (조직과정) 우리기관의 중요한 의사결정은 어떤 절차에 의해서 어떤 사람들이 하고 있는가? 내가 새로운 서비스를 시도해 보고 싶다면 어떤 절차에 따라 진행해야 하는가?

■ (과업환경) 우리기관은 구로구 주민들 가운데 어떤 사람들에게 특히 초점을 맞추어야 하는가? 우리 조직과 같은 비영리 사회복지기관에서 어떻게 하면 이용자와 관련기관에 우리의 역할을 잘 알릴 수 있을까?

■ (일반환경) 우리기관에서 주요하게 고려해야 하는 경제, 사회, 문화 등 일반적인 환경적 요소들은 어떤 것들이 있는가? 고려해야 할 환경 요소들은 어떤 기준으로 결정할 것인가, 고려해야 하는 기준에 해당하는 환경요소들의 상황에 대해서는 어떻게 조사하고 고려할 것인가?

4. 기관의 운영 전반

■ (인사관리) 우리기관은 어떤 절차를 통해서 나를 선발했는가? 내가 계속 좋은 사회복지사로 성장할 수 있도록 우리기관은 나를 어떻게 이끌 것인가?

■ (재정관리) 내가 프로그램을 실행할 때 드는 돈은 어떻게 청구하고, 실제로 집행하는가? 어떤 데에는 돈을 써도 되고, 어떤 용도에는 돈을 쓰면 안 되는가? 돈을 쓰고 나면 나는 우리기관에 어떤 증빙자료를 제출해야 하는가?

■ (정보관리) 내가 하는 활동에 대해서 어떻게 기록해야 하는가? 기록은 어떻게 관리되어야 하는가? 어떤 기록은 오래 보관되어야 하는가? 직원들이 공유해야 하는 정보는 어떤 것들인가?

5. 프로그램 설계와 평가

■ (프로그램 설계와 성과측정) 내가 담당하고 있는 '치매노인 가족지원'이라는 프로그램은 어떤 근거에서 만들어졌는가? 이 프로그램의 성공의 기준은 무엇인가?

■ (기관의 책임성 이행과 평가) 우리 기관은 구로구 주민의 원하는 바를 잘 충족하고 있는가? 우리기관이 지난 1년간 한 일의 성과는 무엇으로 주장할 수 있는가? 우리기관이 25억의 돈을 쓰고 잘 썼다고 자신 있게 주장할 수 있는가?

6. 업무지원과 소통

■ (수퍼비전과 컨설테이션) 내가 일을 하다가 어려움에 부딪치면 누구에게 도움을 호소해야 하는가? 우리 기관 내에서 나의 어려움을 조언해 줄 수 있는 사람이 없다면 외부에서 어떤 사람으로부터 도움을 받을 수 있는가?

■ (의사소통과 갈등관리) 우리기관의 내부 직원들 간의 의사소통은 원활한가? 의사소통이 원활하다는 사실을 무엇으로 알 수 있는가? 의사소통에 어려움이 생기면 어떻게 해결해야 하는가?

7. 지도자의 역할

■ (리더십) 우리 기관의 직원들은 관장을 잘 따르는가? 잘 따른다면 그 이유는 무엇인가? 잘 따르지 않는다면 그 이유는 무엇인가? 우리기관이 잘 되기 위해서 관장과 중간관리자들이 어떻게 해야 하는가?

■ (지도력 개발) 나도 앞으로 기관의 중간관리자로 성장하려면 기관에서 무엇을 배워야 하는가? 기관은 이에 대해서 어떤 조언과 지도를 제공하고 있는가?

사회복지행정은 현장에서 직면하는 이런 질문들을 주도적으로 탐색해 나가는 능력을 배양하는 목적이다. 이런 점에서 사회복지행정은 정책분야와 실천분야를 이어주는 역할을 한다. 또한 사회복지사의 일과 지역사회의 문제를 연결해 주는 매개체이다. 연결과 매개의 속성을 가지는 사회복지행정 분야는 높은 창의성이 요구된다.

제3절 / 사회복지조직의 요건과 혼란

사회복지조직은 이용자와 직접 또는 간접적으로 접촉하면서 이용자의 문제를 해결거거나 행복을 증진시키는 목적으로 운영된다는 점에서 회사조직이나 관료조직과는 다르다. 사회복지조직은 social work organization, voluntary organization 등에 대한 우리말 표현이다. 사회복지조직은 이용자의 변화 또는 이용자를 둘러싼 환경의 변화를 목표로 하고, 사람과 사람의 의도적인 접촉을 통하여 그 변화를 만들어간다는 면에서 독특한 특성이 있다. 그래서 사회복지조직은 이런 변화를 향한 사회복지사의 노력을 지속적으로 지원하여야 한다.

1. 사회복지조직의 요건

사회복지사가 계속적으로 능력을 발휘할 수 있도록 조직 차원의 지원과 지지가 전제되어야 한다. 아래 내용들은 사회복지사의 활동을 지원하기 위하여 사회복지조직이 갖추어야 할 핵심적인 요건들이다.[38]

- 정규적이고 건설적인 환류
- 적절하고 공평한 업무부담
- 효율적이고, 융통성 있으며, 지지적인 행정관리
- 적절한 행정상의 지지

- 쾌적한 업무 환경
- 잘 관리되는 충분한 설비
- 파일 및 기타 중요한 서류들을 편리하고 안전하게 보관할 수 있는 시설
- 기관의 정책 문제에 대한 협의에 참여할 수 있는 기회의 제공
- 명확히 문서화되고 정규적으로 갱신된 실무를 위한 기관의 정책 및 지침
- 정확하게 문서화된 불만 처리를 위한 절차
- 필요한 정보의 신속한 전달
- 사무 처리의 간소화
- 전문적인 수퍼비전
- 개인 및 단위 업무의 계속적인 평가
- 전문성 개발을 위한 계속적인 기회

2. 매너리즘과 혼란

사회복지조직이 사회복지사에게 적절한 업무환경을 제공하지 못하거나 사회복지사가 사회복지조직으로부터 필요한 지지를 받지 못하고 있다고 느끼는 경우에 사회복지조직의 분위기는 매너리즘과 혼란에 빠져든다. 다음은 그러한 상황의 예시이다.

'우리 부서 직원들은 정해진 업무 시작 시간보다 항상 조금씩 늦어요.'
'팀장인 나는 어떤 팀원이 한 일은 매번 제가 다시 해야 해요'
'제 생각에는 저와 함께 일하는 팀원이 최근의 사회복지제도의 변화를 제대로 이해한 것 같지 않아요. 그는 이용자에게 정확하지 않은 정보를 제공하고 있어 이용자에게 혼란을 초래하고 있지만, 뭐라고 말을 못하겠어요.'
'우리 팀의 직원들은 이용자의 개별 파일 정리를 제 때 하지 않아요. 그래서 필요할 때 개별 파일에서 필요한 정보를 얻을 수가 없어요.'
'우리 팀의 팀장은 완전히 완벽주의자예요. 팀원들에게 항상 모든 일에 대해 불가능한 정도의 완벽함을 요구해요.'

큰 조직이든 작은 조직이든, 오래된 조직이든 새로 생긴 조직이든 이러한 상황이 발생하는 이유는 다음과 같다.[39]

■ 개인주의 문화가 지배적이다. 직원들이 전체로서의 조직이 원하거나 필요로 하는 것보다 자신이 원하는 대로 무엇이 든 할 수 있다고 생각한다.

■ 어떻게 일하는 것이 합리적인지에 대해 명확한 기준이 존 재하지 않는다. 또는 무엇이 합리적인지에 대해 모두가 다 른 생각을 가지고 있다.

■ 업무의 기대수준이나 기준을 설정하는 것이 누구의 책임인지 아무도 명확하게 알지 못한다. 또는 누가 그 일에 책임이 있는지에 대해 모두가 각기 다른 생각을 가지고 있다.

■ 그럼에도 불구하고 '우리는 모두 어떤 일을 해야 하고, 어 떻게 그 일을 해야 하는지 알고 있다.'는 생각을 암묵적으 로 가지고 있다.

■ 기관을 관리하는 책임을 맡고 있는 사람들이 사회복지조직 경험이 빈약하다.

■ 중간관리자들은 고립되고 지지받지 못한다고 느끼고, 이 감정을 직원에게 투영하여 직원들에게 정서적 지지가 필요 하다는 생각을 한다.

■ 동료들에게 비판으로 들릴 수 있는 말을 극도로 꺼리는 분 위기가 형성되어있다.

■ 동료관계이면서 동시에 개인적인 친구 사이인 경우가 많아서 업무적으로 개선을 요청하는 것이 더욱 어렵다.

■ 다른 사람들을 비판하는 것과 마찬가지로 사람들을 칭찬하는 것 또한 극도로 꺼리는 분위기가 형성되어 있다.

이런 상황을 한마디로 표현한다면 매너리즘이다. 사회복지조직의 책 임자들은 이 매너리즘을 경계하는 역할이 중요하다. 매너리즘을 경계 하는 가장 좋은 방법은 변화이다. 변화의 긍정적인 역할은 직원들의 적절한 긴장을 유지시키는 것이다. 적절한 긴장상태는 다른 말로 역동적인 조직분위기로 표현될 수 있다. 변화가 과도하면 혼란, 무기력, 패배주의에 이르게 한다. 변화를 위한 자극이 정지하면 조직은 정체의 사이클로 들어간다. 이런 기관의 상황은 시스템이 작동하지 않는 상황이다. 기관에서 적절한 시스템이 작동하지 않는 경우에 이용자의 삶의질 향상을 위한 직원의 노력은 무의미하거나 심지어는 부정적일 수도 있다. 다음 그림의 왼쪽 부분은 이를 표현한다. 그렇다면 그림의 오른쪽과 같이 직원의 작은 노력도 이용자의 삶의 질을 높이는 상황을 만들려면 어떻게 해야 할까?

그림2. 직원의 노력이 이용자 삶의 질에 미치는 영향

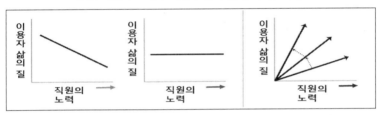

사회복지기관은 매너리즘이라는 늪에 빠지기 쉬운 요소들을 가지고 있다. 사회복지서비스의 목표는 선명하게 정의되기 어렵다. 성과에 대한 기준이 명확치 않기 때문에 어떻게 일하는 것이 좋은 것인지, 어떤 서비스가 좋은 서비스인지, 어떤 결과가 좋은 결과인지에 대한 합의가 어렵다. 그리고 대개의 경우 외적으로 성과를 요구하는 압력도 다른 조직들에 비해서는 약한 편이다. 그래서 매너리즘에 쉽게 빠지고, 많은 경우 매너리즘이 잘 포착되지도 않는다. 기관이 정한 서비스의 순서를 빠뜨리지 않고, 기계적으로 수행하는 상황의 매너리즘은 문제로 인식되지도 않는다. 이런 답답한 상황에 대한 직원들의 대응은 다양하다. 이 매너리즘에 편안하게 안주하는 사람도 있고, 답답해서 견디지못하고 직장을 그만두는 사람들도 있다. 때로는 매너리즘에서 오는 허전함을 '힐링'이라는 이름으로 대안을 찾기도 한다. 혼자서 외로운 헌신을 하는 사람들도 있다. 기관의 매너리즘과 상관없이 철인처럼 자신의 일을 개척하고 분투하는 사람들도 있다.

매너리즘을 극복하고, 끊임없는 변화를 통하여 조직의 분위기가 항상 역동적이면서 창의적일 수 있는 방법은 무엇일까? 직원의 작은 노력도 이용자의 삶의 질을 높이고, 직원이 행복해지면 이용자의 권리도 높아지고, 직원의 어떤 노력도 기관의 발전에 기여하는 기관과 직원과 이용자가 함께 만족하고 행복하게 하는 방법은 무엇일까? 직원들의 개별적인 노력에만 의존하지 않고 기관 전체가 매너리즘을 경계하고, 창의적인 분위기를 지속적으로 만드는 방법은 없을까?

제4절 권한강화와 지속적인 혁신

사회복지조직의 생명은 조직에서 일하는 사회복지사들이 사람과 목표에 대한 민감성과 관심을 지속적으로 유지할 수 있도록 하는 일이다. 사회복지조직이 새로운 요구나 환경의 변화에 둔감해지면, 구성원은 매너리즘에 빠지게 되고, 조직문화는 개인중심으로 파편화된다.

1. 조직의 지향: 권한강화(empowerment)

사회복지조직에서 가장 중요한 일은 조직문화가 끊임없이 혁신과 창의성을 추구하도록 하는 것이다. 최근 사회복지서비스의 목표이면서 동시에 과정으로 강조되는 것이 권한강화이다. 권한강화 접근법은 조직문화를 지속적으로 혁신의 분위기로 이끄는데 유용하다. 서비스가 존재하는 목표는 소외 또는 무기력 상태를 경험한 이용자들이 스스로 자신을 주장할 수 있고, 자기에게 필요한 지원을 찾아내어 자립적인 구성원이 되도록 돕는 것이다. 이런 목표는 권한강화로 표현되고 있으며, 이용자의 권한강화는 서비스를 제공하는 사람과의 관계를 통해서 매개된다. 서비스의 이런 특성 때문에 이용자의 권한강화를 위해서는 조직에서 스스로 권한강화 되어 있는 직원이 필요하게 된다. 따라서 사회복지조직이 효과적인 서비스를 제공하기 위해서는 서비스를 제공하는 직원의 권한강화가 기반이 되어야 하며, 권한강화 된 직원의 도움으로 이용자들이 권한강화 되도록 해야 한다. 권한강화 조직은 다음의 10가지 특성을 보인다고 한다.[40]

- 의사결정에 이용자들이 참여할 수 있도록 지원하는 공식적인 구조가 마련되어 있다. 권한강화를 지향하는 조직은 서비스 이용자를 이사회나 운영위원회의 구성원으로 영입한다.
- 프로그램을 기획하고 평가하는데 이용자들과 파트너십으로 일한다. 새로운 프로그램을 개발하거나 수행된 프로그램을 평가할 때 이용자가 참여하게 되면 이용자의 욕구에 민감한 서비스를 제공할 수 있게 된다.
- 서비스 이용자들에게 친숙하게(문화에 부합한 방법으로) 서비스를 전달하려는 여러 가지 전략을 모색한다. 또한 조직 전체가 이용자의 문화와 잘 호응될 수 있도록 이용 당사자를 직원으로 채용하거나 이용당사자로부터 직원훈련을 주기적으로 받는다.
- 직원들 사이에, 직원과 이용자 사이에 권한 불균형을 최소화하는 의사결정 방식을 개발한다. 전통적인 조직의 의사결정은 위계적 구조를 통하여 이루어진다면, 권한강화를 지향하는 조직은 일선실무자에게 더 많은 의사결정 권한을 주려고 노력한다.
- 직원들 간의 팀 협력을 높이려고 노력한다. 팀 단위에 주도적인 자율성이 인정되고, 서비스 과정과 성과를 관리하는 권한도 주어진다. 구성원들은 팀에서 협력하고, 팀의 성과를 측정하는 등과 같은 팀 기반 업무에 관련된 훈련을 지속적으로 받는다.
- 직원의 자신감을 높이려고 노력한다. 직무수행 능력과 조직의 의사결정 과정에 참여하는 역량을 높이려는 직원 자

신들의 노력을 지원한다.

■ 직원과 이용자의 권한을 강화하는 것이 중요하다는 이념적 확신을 가진 관리자가 존재한다. 권한강화를 지향하는 관리자는 직원의 사기, 서비스 전달, 기관의 기능 등을 개선하는 활동을 하며, 과업을 달성하는 데 일 방향적으로 일하기보다는 양 방향적으로 일한다.

■ 직원의 직무만족을 높이기 위한 전략을 개발하려고 노력한다. 직원의 권한강화를 위하여 업무에 적합하게 조직을 지속적으로 재구조화 하며, 이를 통해서 직원의 자부심과 만족을 높인다.

■ 직원이 대외적으로 서비스와 정책의 개선을 요구하는 활동을 하도록 지원하다. 기관 외부에서 서비스 시스템 변화를 이루어 내는 영향력을 경험하게 되면 직원의 권한강화 수준이 높아진다.

■ 이용자의 정치적 영향력뿐만 아니라 자신들의 정치적 영향력을 높이려고 노력한다. 조직에서 지도자의 역할은 조직의 구성원이나 이용자들이 정치적 활동력을 가질 수 있도록 돕고, 주류사회에 통합되도록 돕는 것이다. 이용자의 권한 강화를 지향하는 조직은 이용자를 권한강화하면서 조직 스스로가 지역사회에 대한 영향력을 높이려고 노력한다.

2. 조직구조와 과정 혁신: 조직 재설계

조직 문화 저변이 역동적이고 창의적이면서 동시에 변화하는 환경과 이용자의 기대에 부응하여 서비스를 변경해 나가면 조직 구성원들의 역할에도 변화가 필요하게 된다. 이런 변화 필요성이 누적되면 개별적인 수준에서의 변화를 넘어서는 조직 수준의 변화가 필요해지게 된다. 조직구조와 과정에 대한 혁신은 서비스 변화를 지속적으로 반영하면서 조직문화가 계속 변화를 지향하도록 하는 일이다. 조직구조와 과정 혁신은 어떤 일을 누구에게 하도록 할 것인가? 개별 구성원들의 일은 어떻게 묶어주는 것이 서비스의 수행에 가장 효과적인가? 어떤 순서로 일하도록 하는 것이 가장 적절한가? 등에 대한 해답을 찾는 작업이다.

조직의 설계는 크게 두 가지 요소로 구성된다. 첫째는 구조(structure)의 설계이다. 일반적으로 조직화라고 할 때 많은 사람들은 이 요소를 생각한다. 이 요소는 하위 부서가 어떻게 구성되어야 하는지, 조직에서 누가 누구에게 보고해야 하는지를 보여준다. 둘째는 과정(process)의 설계이다. 이 차원은 하위 기능간의 연계, 조직의 의사소통 과정, 의사결정 과정 등을 비롯한 구조 내에서 일어나는 핵심적인 활동에 관한 것이다.

조직의 설계나 새로운 조직으로의 변경은 조직에 대한 철학적(이념적) 지향, 조직의 목표와 이용하는 사람들의 욕구, 조직의 규모와 환경, 조직의 자원과 기술 등에 따라 매우 다양한 선택이 가능하다. 그럼에도 불구하고 실제에서는 다양한 가능성을 끌어내지 못하는 경향이 있다. 필요한 때 다양한 조직설계를 하지 못하는 이유는 다음과 같다.[41]

- 실제 이루어지고 있는 일에 대한 세밀한 분석에 근거하지 않는다.
- 일선 실무자 등 조직운영에 밀접히 관련되는 사람들의 의미 있는 참여가 이루어지지 않는다.
- 과거 또는 현재의 문제를 해결하는데 만 초점을 두고, 미래의 도전에 유연하게 대응하는 조직을 만들려고 하지 않는다.
- 성공적인 실행을 위해 필수적인 일선 직원들의 동의와 지지를 얻지 못한다.
- 관리나 보고체계의 수정으로 원하는 결과를 얻을 수 있다는 잘못된 가정을 한다.
- 창의적인 변화가 필요하다고 말하기 보다는 변화되기 어려운 점을 강조하는 제약 중심의 접근을 한다.

이런 점을 고려할 때 실제 업무에 대한 분석과 일선직원의 참여가 필수적이며, 다음과 같은 절차를 통해서 조직을 설계 또는 재설계하는 것이 필요하다.

- 1단계: 조직의 설립목적과 전략적 방향을 검토한다.
- 2단계: 최선의 서비스 전달기술을 결정한다.
- 3단계: 직원의 역할을 할당하고, 가장 적합한 의사결정과 의사소통 절차를 결정한다.
- 4단계: 가장 적합한 조직의 구조를 결정한다.
- 5단계: 서비스 프로그램, 조직의 구조, 직원의 역할, 조직의 운영과정 등이 함께 조화된 최적의 상태가 되도록 한다.

조직의 설계나 재설계 과정은 조직이 수행하고자 하는 비전을 개발하고 변화의 가능성을 확인하는 일에서 시작된다. 다음 단계는 현재의 과정을 평가하고 새로운 대안적인 과정을 모색하게 된다. 조직을 설계 또는 재설계하는 절대적인 기준은 존재하지 않지만, 다음과 같은 기준들은 좋은 참고가 될 수 있다.[42]

- 조직의 구조와 과정은 전략, 프로그램, 행동계획의 실행을 촉진하여야 한다.
- 성과를 기준으로 조직화해야 한다. 각 서비스에서 성과달성을 위한 최대한 많은 과정을 한 사람의 직원이 담당하도록 해야 한다.
- 이용자의 관점을 중시해야 한다. 이용자는 조직을 어떻게 경험하는가? 이용자는 가능하면 조직을 가장 단순한 것으로 경험할 수 있도록 하는 것이 좋다.
- 직원의 역할과 보고체계를 명확히 해야 한다. 직원들이 자신에 대한 조직의 기대가 무엇인지, 자신들이 서비스를 제공해야 하는 사람들이 누군 인지를 잘 알도록 하는 것이 중요하다.

- 포괄적인 조직 지침을 통해서 직원들이 자율적으로 움직일 수 있는 가능성을 극대화해야 한다. 기관의 직원들이 훈련받은 전문가들인 경우에는 세세한 수퍼비전이 필요하지 않으며, 행정적인 감독은 최소화 되어야 한다.
- 조직 계층의 단계를 최소화해야 한다. 이를 통해 일선 직원들이 충분히 할 수 있는 의사결정에 여러 단계의 관리자가 관여하지 않도록 해야 한다.
- 조직 내의 여러 가지 기능들이 상호 소통하고, 외부의 기관과도 잘 연계되도록 해야 한다. 이를 통해서 조직에서 일하는 모든 직원들을 손쉽게 일에 필요한 정보를 얻을 수 있어야 한다.
- 변화의 필요에 민감하게 반응할 수 있는 구조이어야 한다. 서비스 조직은 조직구조, 의사소통, 의사결정에서의 명확성을 유지하면서도 이용자의 욕구가 달라지면 이에 맞추어 변화할 수 있는 유연성을 함께 갖추어야 한다.

사람과 조직의 활동은 패러다임, 행위, 태도의 복합체로 설명될 수 있다.[43] 패러다임은 사람이나 조직이 어디로 갈 것인가를 알려주는 지도와 같은 것이다. 행위는 지도를 보고 가면서 부지런히 가는지, 천천히 가는지, 총총걸음으로 가는지, 뛰어 가는지 등을 말한다. 태도는 힘든 장애물에 부딪쳐도 긍정적인 마음으로 가는지, 작은 어려움에도 부정적인 생각에 사로잡혀서 가는지를 말한다. 그래서 사람에게나 조직에게나 지도와 같은 역할을 하는 패러다임이 성공과 행복에 중요한 영향을 미친다. 사회복지조직은 사람을 위하는 조직이다. 세상의 모든 조직이 사람을 위한 조직이겠지만, 사회복지조직은 약한 사람을 돕기 위한 가장 사람을 위한 조직이며, 그래서 사람중심이어야 한다. 조직이 사람중심이 된다는 것은 간단한 일이 아니다. 사회복지조직을 찾는 이용자를 중요한 사람으로 대해야 한다. 조직의 구성원인 직원들도 이용자들로부터도 존중받아야 한다. 조직의 관리자들도 직원과 이용자들로부터 존중 받아야한다. 이런 상호존중이 잘 되어야 사람중심의 조직이다. 조직전체가 사람중심의 조직이 되려면 모든 관계가 사람중심이어야 한다. 사람중심의 조직은 체계적으로 상호존중이 확보되어야 한다. 그래서 사람중심의 조직은 지속적인 변화 추구의 지향점이면서 동시에 도달하기 어려운 상상의 존재이기도 하다.

7장

사회복지 정책과
사회복지 실천

7장
사회복지 정책과 사회복지 실천

우리는 1장에서 사회복지가 무엇인지 생각해 보았다. 그것은 '사회 구성원들이 욕구 충족을 통해 최소한 기본적인 수준과 형태의 삶을 유지할 수 있도록 하는 집단적인 노력, 즉 사회적인 개입' 정도로 요약될 수 있었다. 그렇다면 이러한 사회복지는 어떻게 실현될까? 먼저 누구에게 어떠한 욕구가 왜 충족되지 못하고 있어서 그들의 기본적인 삶과 존엄의 유지 및 건강한 사회참여가 저해받고 있는지가 파악되어야 할 것이다. 이는 각 개인의 삶의 과정과 배경과 개인 및 지역사회의 조건과 환경 및 (그에 따른) 심리상태와 개인적 특성 등을 이해할 수 있을 때 더 잘 파악될 수 있을 것이다. 따라서 이 과정은 '누가' 그것을 이해하고 파악하느냐에 따라 다를 수 있음을 짐작할 수 있다. 한편, 그러한 일은 개인적으로 수행되는 것이 아니라 거의 대부분 (사회복지사가 몸담고 있는) 조직 ─ 민간기관이든 공공기관이든 ─ 의 활동을 통해 이루어진다. 이 때 조직의 활동은 조직의 구성, 조직의 목표, 조직의 룰, 조직의 문화, 조직 리더(십)의 특성, 지역사회를 포함하여 조직의 환경과 조건 등에 따라 매우 다르게 나타난다.

파악된 욕구의 충족을 지원하고 보장하기 위한 사회적 노력은 가장 큰 틀에서는 정책과 제도를 통해 마련되어 있거나 마련되어야 한다. 그런데, 정책/제도라는 것은 개별 사례의 경우에 딱 맞게 설계되어 있는 것이 아니라, 그 특성상 대개 유사점에 근거하여 몇 개의 큰 유형으로 분류하고 표준화한 내용으로 되어 있다. 따라서, 각 사례에 대해 어떤 정책과 제도가 적용될 수 있고 되어야 하는지를 파악할 수 있어야 '집단적인 노력'은 의미를 갖게 된다. 이 과정에서 다시 어떤 개별 사례

를 어떤 정책/제도와 연결지어 생각하는지 혹은 생각할 수 있는지의
개인적 역량이 중요하게 작용한다. 한편, 필요한 정책과 제도가 마련
되어 있지 못하거나, 마련되어 있지만 부족하고 보완되어야 할 점이
있는지 또한, 이 과정에서 가장 잘 파악될 수 있고, 파악되어야 한다.

특정 사례에 적합한 어떤 정책 혹은 제도의 구체적인 도구―금전이
든 서비스든―가 파악된다 하여도 이것이 실제로 필요한 사람에게 전
달되는 것은 거의 대부분 (사회복지사가 몸담고 있는) 조직―민간기관
이든 공공기관이든―의 활동을 통해 이루어진다. 이 때 조직의 활동은
(다시!) 조직의 구성, 조직의 목표, 조직의 룰, 조직의 문화, 조직 리더
(십)의 특성, 지역사회를 포함하여 조직의 환경과 조건 등에 따라 매우
다르게 나타나게 된다. 끝으로 이 모든 과정을 거쳐 특정한 욕구를 가진
사람에게 사회적 노력이 전달되어 실현되는 마지막 단계에서는 '누가'
그것을 수행, 실천하는지, 그것이 해당 개인의 삶의 과정과 배경과 개인
및 지역사회의 조건과 환경 및 그 개인의 심리와 개인적 특성 등에 잘
맞는 방식으로 전달되는지에 따라 결과가 달라질 수밖에 없다.

지금까지 이 책을 읽어오며 이미 충분히 이해하였을 내용이지만 이
렇게 정리해보니 참 숨막히게 복잡한 과정이 아닐 수 없다. 그래서 무
엇을 이야기하고자 함인가? 사회복지사의 역할 수행과 실천, 그리하여
사회복지의 실현은, 개인―욕구가 있는 개인과 사회복지를 실천하는
사람으로서 스스로의 개인―에 대한 이해, 지역사회에 대한 이해, 조
직과 행정에 대한 이해, 그리고 정책과 제도에 대한 이해를 요구한다
는 것이다. 본 장에서는 이 중 정책과 제도에 대한 이해와 관련하여,
사회복지사로서 주로 어떤 '관전 포인트'를 가지고 바라보는 것이 필
요하거나 도움이 될 지 (미안하지만 필자의 개인적인 견해에 근거해서)
이야기해 보고자 한다. 물론, 사회복지사로서 일을 해 나가는데 있어
서 직접적으로 중요한 것은 자신이 주로 활동하고 있는 영역과 관련된
정책과 제도의 구체적인 내용들이라고 생각할 수 있다. 예를 들면, 아
동복지 영역에서 일을 한다면 아동 돌봄과 관련한 사회서비스 제도나
아동수당, 양육수당, 보육료지원사업 제도 등과 관련하여 누가 어떤

자격요건을 갖추어 어떻게 지원하면 선정될 수 있으며, 어떤 방식으로 얼마나 언제까지 지원받을 수 있는지 등을 자세히 아는 것이 기본일 것이다. (이러한 구체적인 정책과 제도의 내용은 필요할 때 스스로 목표를 가지고 공부하도록 하자. 본 장에서는 다양한 분야를 망라하여 설명할 수 없으며, 물론, 솔직히 알지 못하기에 지면을 준다 해도 다 다룰 수 없다. 또한 특정 분야에서 일을 하게 되면 아무리 싫다고 거부하고 발버둥 쳐도 몇 년 만에 해당 분야 정책과 제도의 전문가가 되어 있을 것이니, 크게 걱정할 필요는 없다.) 하지만, 앞서 이야기한 것처럼 적절한 정책과 제도를 파악하고 적용, 전달하는 일이나 현행 정책과 제도의 부족한 점을 파악하는 일은 정책과 제도를 깊이 이해할수록 더 잘 할 수 있으며, 이는 개별 정책과 제도의 내용을 아는 것을 넘어서 평가의 관점으로 바라볼 수 있는 역량을 요구하는 것이다. 바로 사회복지 정책과 제도 일반에 대한 이론 교과들이 존재하는 이유인데, 아래의 몇 가지 관전 포인트를 생각하면서 공부한다면 이들에 대해 조금 더 흥미를 가지고 공부할 수 있(을지 모른)다.

제1절 / 때론 정책과 제도를 처음 설계하는 사람의 시각으로

첫 번째는, 정책과 제도를 볼 때에는 때때로 정책과 제도를 결정하고 만드는 사람의 입장이 되어 생각해 보는 일이 필요하다는 것이다. 달리 표현한다면, 아무 것도 없다고 가정하고 거기서 출발해서 '내가 이 영역, 이 분야의 정책과 제도를 처음 만든다면 어떻게 할 것인가'를 생각해 볼 필요가 있다. 그렇지 않으면 지금 현재 마련되어 있는 정책과 제도를, 마치 우리가 어찌할 수 없는 기본 틀―전자제품의 default setting처럼―로 받아들이면서 그 안에서 협소하게 사고하게 되기 쉽다. 간단하게 예를 들어 생각해 보자. 만약 누군가에게 '살인으로 20년형을 선고받고 복역 중인 죄수가 로또 복권을 사고 싶다고 한다면 이를 허용해야 맞을까'라고 묻는다면, 이는 아마도 형벌로 제한해야 하는 개인의 자유나 권리가 어디까지여야 하는지, 혹은 그것은 그 개인이 공동체의 규칙을 위반한 정도나 타인의 자유나 권리에 얼마나 심각한 위해를 가했는지의 정도에 따라 달라져야 하는지, 그런 기준을 정한다는 것이 가능한지 등에 대해 같이 생각해보자는 의미일 것이다. 그런데, 상대방이 '음.. 현행법은 이러하고 저러하니 .. 허용될 수 없다'고 답을 하면 정작 우리가 같이 고민해 보고자 하는 내용에 대해서는 할 말이 없게 된다.

정책과 제도는 우리에게 주어진, 그리고 변하지 않는, 전제조건과 같은 무엇이 아니다. 오히려 정책과 제도는 끊임없이 변화되어야만 하는 것이다. 1장에서 이야기한 것처럼 무엇이, 어디까지가 정당화될 수 있는 사회적 불평등인지, 무엇이, 어디까지가 보장받아야 할 기본적인 욕구이자 당연한 권리인지, 사회가 추구할 수밖에 없는 효율성과 공정성의 균형점이 어디인지는 시간과 장소에 따라 계속 변화할 수밖에 없다. 또한 사람들의 생활양식도 변하고 사회 구조도 변화하기 때문에 욕구도 변화하고 그에 대한 사회적 노력의 우선순위—당연히 모든 욕구가 충족되어야 하지만, 사회복지의 자원도 한정되어 있으므로 사회복지의 정책과 제도에는 늘 그 당시 그 사회의 우선순위가 반영된다—도 변한다. 인터넷 사용이 편의가 아니라 필수가 된 사회와 그렇지 않은 사회, 1인 가구가 가구 형태 중에서 가장 많은 비율을 차지하는 사회와 그렇지 않은 사회, 여성 대부분이 취업하는 사회와 그렇지 않은 사회, 65세 이상 인구가 20%가 넘는 사회와 그렇지 않은 사회, 청년실업률이 20%에 육박하는 사회와 그렇지 않은 사회가, 충족을 보장해야 할 욕구와 그 우선순위에 있어서 똑같을 수 없다. 그런데 정책과 제도가 변화하지 않는다면, 그것은 시대에 뒤떨어진 정책과 제도를 유지하고 있다는 의미 그 이상도 이하도 아니다.

따라서 처음 해당 정책과 제도를 만드는 사람들이 서로 묻고 답했을 질문들은 '녹슬지' 않는다. 그 질문들에 대한 답이 끊임없이 변화하고 또 변화해야 하는 것이기 때문이다. 예를 들어 실업자에 대한 최소한의 소득보장 정책을 처음 만들 때에는, "다니던 직장에서 해고되어 수

입이 없어진 사람의 생계는 다시 다른 직장을 찾을 때까지 사회가 집단적으로 보장해주어야 하나?", "물론 보장해준다면 무조건 좋은 일이겠지만 한정된 사회복지의 자원을 투입해야 하는 가장 우선시되어야 하는 영역 중 하나가 맞는가?", "실업자 개인의 생계유지를 위한 정도면 충분할까, 아니면 가족이 있다면 그 가족의 생계유지까지 생각해주어야 할까? 그런데 그 가족의 범위는 어디까지로 한정해야 하나?", "다른 직장을 찾을 때까지라고는 했지만, 그건 사람마다 다 다를텐데 최대한 얼마나 오랫동안 보장해주어야 하나?", "모든 실업자에게 다 보장해주는 것이 좋을까 아니면 자발적으로 그만둔 것이 아니라 직장의 사정 때문에 해고당한 사람들만 보장해주는 것이 좋을까?", "혹시 완벽하게 자신의 마음에 드는 직장을 찾으려 하는 사람이 있어서, 두세 달만 다니다 그만두는 일을 되풀이하는 사람이 있다면 어떻게 할까?", "그런데 이걸 한다면 국가 재정으로 다 하는게 맞을까 아니면 마치 보험을 드는 것처럼 직장을 다니는 사람들에게도 조금씩 돈을 내게 해서 조금이라도 더 책임성과 권리의식을 느끼게 하는게 맞을까? 그런데 그게 책임성과 권리의식을 느끼게 해 주기는 할까?", "보장해준다면 돈을 주는게 맞을까 아니면 생계유지에 필요한 식재료, 피복 등의 생필품과, 필요하다면 거주지 등을 제공하는게 맞을까?", "높은 실업률 때문에 애당초 직업을 가져보지 못한 사람들에게는 실업이 경험하고 싶어도 경험하지 못하는 것인데, 이들까지 포괄할 수 있어야 하지 않나?" 등의 질문들을 던지고 그에 대한 답을 고민했을 것이다. 이런 질문들에 대한 답은 계속 변화하게 되어 있고, 변화되어야만 하므로, 계속 되물어져야 한다.

현재의 정책과 제도의 모습이 어떠하든 주어지고 고정된 무엇이라고 그것을 받아들이기보다는 이런 질문들을 생각해 볼 수 있어야 하며, 이렇게 정책을 설계하고 결정하는 사람으로서의 시각을 가져보는 것이 정책과 제도를 공부하고 이해하는데 있어서는 여러 가지로 도움이 된다. 당장 특정한 영역의 사회복지 정책과 제도가 어떤 지향과 목표를 중점에 두고 설계되었는지를 쉽게 포착하고 이해할 수 있게 해 주며, 따라서 해당 영역 내의 개별적이고 구체적인 정책과 제도들이 왜 그런 내용으로 이루어졌는지를 조금은 더 체계적으로 이해할 수 있게 해 준다. 예를 들면, 사회구성원들의 노후의 삶의 기본적인 수준을 유지하는 것을 목적으로 하는 노후 소득보장 제도는 크게 나누어 두 가지 목표가 있을 수 있다. 하나는 빈곤에 이르지 않게 하는 것이고, 다른 하나는 젊은 시절의 삶의 수준을 유지할 수 있게 하는 것이다. 이 두 가지 목표 중 어느 것에 더 중점을 두느냐는 정책 설계자들이 가졌을 여러 질문들에 대한 답에 따라 다르다. 빈곤예방에 중점을 두는 제도로 설계되었다면 그 사회의 노후 소득보장 제도는 매달 내는 연금보험료는 높지도 않고, 소득에 따라 많고 적게 내는 차이도 크지 않을 것이며, 보험료가 높지 않은 만큼 더 많은 국민들이 가입할 수 있을 것이고, 대신 노후에도 중산층 이상의 생활수준을 유지하고 싶은 사람들은 자산에 투자하거나 민간 연금보험 상품에 투자하는 등 각자 다른 준비를 하는 방식이 발달했을 것이고, 국가는 그러한 개인적인 노후 대비 활동을 연말정산에서 세금을 감면해 주는 등 다양한 방식으로 장려하고 있을 것이다. 반면, 국가의 노후 소득보장 제도가 젊은 시절의 생활수준을 유지할 수 있게 하는 데에도 상당한 역할을 해야 한다는 목표를 가졌다면, 연금보험료는 상당히 높을 것이고, 소득에 따라 보험료의 차이가 많이 날 것이며, 보험료가 높으니 연금에 가입하지 못하는 사람들이 많고, 이들을 위한 '기초노령연금'같은 제도가 별도로 (상대적으로 규모있게) 갖춰졌을 것이며, 개인의 노후대비 활동을 적극적으로 장려할 이유는 적을 것이다. 즉, 정책과 제도의 목표가 어떠하냐를 알면 하위의 정책과 제도들이 왜 어떤 내용으로 만들어졌는지를 보다 쉽게 이해할 수 있다.

같은 이유로 특정한 정책과 제도가 변화되었을 때 그 변화가 어떤 성격인지를 조금 쉽게 이해할 수 있게도 해 준다. 위의 노후 소득보장 제도의 예를 다시 이용하자면, 어떤 나라에서 연금제도의 개혁이 일어났다고 하면, 개별 제도변화 내용들은 쉽게 머리에 들어오지 않지만, 그것이 두 가지 목표 중에 어느 쪽을 강화하는 방식의 개혁인지를 먼저 생각해 보고난 뒤에 개별적인 제도변화의 내용을 보면 조금은 더 쉽게 이해할 수 있다. 다른 한편, 그러한 방식으로 한 사회 내에 여러 사회복지 정책과 제도 변화의 성격을 이해한다거나, 세계 각 국에서 일어나는 동일한 사회복지 영역의 정책과 제도 변화의 성격을 이해해 보는 것은 큰 변화의 흐름을 읽을 수 있게 해 주기도 한다. 또한, 현재의 정책과 제도가 어느 면에서 '현재의 우리(사회)'를 고려할 때 부족한 점이 있는지를 알 수 있게 도와준다. 앞서 이야기한 것처럼, 같은 질문에 대한 답이 달라져야만 하는 시대변화와 사회변화는 늘 있을 수 있고, 과거에는 최선이었던 것처럼 보이는 정책과 제도라 할지라도 현재의 눈에서는 부족할 수 있기 때문이다.

제2절 정책과 제도는 정치의 산물

첫 번째 관전 포인트에 대한 이야기가 너무 길었다. 두 번째는 사회복지 정책과 제도 또한 당연히 정치의 산물이라는 것을 생각해 볼 필요가 있다는 점이다. 정치의 산물이라는 표현은 많은 의미를 갖겠지만, 여기서 강조하고자 한 것은 정치적으로 힘이 있는 사람들이 생각하는 바가 관철된 결과가 정책과 제도라는 점이다. 정치적으로 힘이 있는 사람들은 입법부나 행정부에서 활동하는 사람들(만)을 이야기하는 것이 아니라, 그들이 일을 할 때 주로 눈치보는 사람들 — 이는 예전에는 일반적으로 중산층을 지칭하는 것으로 쉽게 이해할 수 있었지만, 전 세계적으로 경제적인 그리고 이데올로기적인 양극화가 진행되는 현대로 올수록 쉽지 않은 표현이 되었는데, 여기서는 일단 생계유지 외에 다양한 방식의 사회참여 활동을 하거나 할 수 있는 사람들 정도로 생각하자 — 을 (포함하여) 이야기한 것이다. 사회복지의 정책과 제도는 기본적인 삶과 존엄의 유지 및 사회참여를 보장하기 위한 것이긴 하지만, 주로 그 정책과 제도의 대상자는 사회적으로 약자이거나 소수자일 가능성이 높다. 대개 이들은 정치적으로 힘이 약하다. 따라서 그들의 목소리나 입장이나 생각이 참여에 의해 '직접적으로' 정책과 제도 결정과정에 영향을 미치는 일이 드물다. 그들의 견해는 인지되지 않거나, 인지되어도 청취되지 않거나, 청취되어도 정치적으로 힘이 있는 사람들을 통해서만 간접적으로 (때로는 오해되거나 왜곡되어) 반영된다. 너무 심각한 쪽으로 많이 나갔는데, 여기서 이야기하고자 하는 초점은 현대 정치제도의 문제점이 아니라, 사회복지를 공부하는 사람으로서, 즉, 1장에서 이야기한 것처럼 사회적 불평등과 권리 보장의 전문가로서 우리는 정책과 제도를 볼 때, 첫째, 근저에 깔려있는 지배적인 가치관이 무엇이며 그것이 타당한가를, 둘째, 해당 정책과 제도에 따른 패자는 누가 있을 수 있겠는가를 생각할 줄 알아야 하겠다는 것이다.

첫째, 사회복지의 정책과 제도뿐만 아니라 사회의 모든 정책과 제도는 그것이 만들어지는 시점에서 그것을 만드는 사람들과 그들이 대변하는 사람들의 가치관과 생활양식을 반영한다. 따라서 그들 — 그들이라고 표현은 하고 있지만 많은 경우에는 우리 자신을 의미한다 — 이 '정상'이나 '보통'이라고 생각하는 것들이 기준이 된다. 쉽게 이야기해서 그들이 '이성애'만이 보통이고 정상이라고 생각할 때 동성애자들의 혼인신고를 받아 줄 제도는 없다는 말이다. 우리 국민연금 제도도 불과 얼마 전까지만 해도 전업 주부는 가입할 수 없는 제도였으며, 가장이 사망한 뒤 받을 수 있는 '유족급여'가 (그 개인을 중심으로 생각하면) 유일한 노후 소득보장 제도였다. 즉, '가장과 전업주부(와 자녀)'로 이루어진 가구 형태가 정상이자 보통이라는 전제에서 설계된 제도였다는 것이다. 고용보험에 의해서 지급받는 실업급여는 자발적인 실업이 아닌 경우에 한해서 구직활동을 하고 있음을 주기적으로 증명해 보이는 것을 조건으로 1년간 받을 수 있다(그래서 급여의 이름도 구직급여이다). 즉, 자신이 (직장을 옮기고 싶다거나 새로운 일에 도전해보고 싶어서 등) 원해서 직장을 그만둔 것이 아닐 때에만 임금소득의 단절에 대해 일부 지원받을 자격이 있고, 실업한 경우 바로 재취업을 원하고 적극적으로 구직 노력을 하는 것이 정상적이고 바람직하다는 전제가 깔려 있다. 정책과 제도에 사회의 지배적인 가치관이 깔려있다는 사실 자체는 어찌보면 불가피한 일이기도 하지만, 문제는 때로 이것이 사회적 약자나 소수자에게는 특정한 가치관이나 생활양식을 강요하는 것일 수 있다는 점이다. 특히 정책과 제도의 대상이 사회적 약자나 소수자에게 한정되어 있는 경우일수록 그들에 대한 편견이나 선입견이 작용하거나 다수자 자신들에게는 적용하지 않을 엄격한 잣대를 들이댈 가능성이 높으니, 사회복지의 정책과 제도를 바라볼 때에는 이에 대한 높은 감수성을 가질 필요가 있다.

둘째, 특정한 사회복지의 정책과 제도가 만들어지면, 그 정책과 제도가 목표로 삼는 사람들이 많은 혜택을 누리게 되지만, 적지 않은 경우에 그 정책과 제도에 의해서 직접적 혹은 간접적으로 손해를 보거나 이전에 누리던 혜택이 상대적으로 줄어드는 사람들이 생겨나기도 한다 ─ 이를 어떤 정책이나 제도의 승자와 패자라 부르기도 한다. 이것은 앞서 이야기한 것처럼 기본적으로 사회복지에 투입할 수 있는 자원이 무한한 것이 아니므로 정책과 제도의 설계에 우선순위가 반영되기 때문이다. 따라서, 예를 들면, 소득(인정액)이 최저생계비에 미치지 못하는 사람에게 생계비와 의료비, 교육비, 주거비 등을 지원해주던 기초생활보장제도를 2015년 욕구별 맞춤형 급여체계로 개편하자, 그간 소득인정액이 단지 최저생계비를 조금 넘는다는 이유로 아무런 지원을 받지 못하던 소위 복지 '사각지대'에 놓였던 사람들이 특히 교육급여나 의료급여의 지원을 받을 수 있게 되었다(제도 개혁의 승자). 하지만, 종전에는 최저생계비 기준 하나로 모든 급여를 받아 오던 사람들 중 일부는 개별 급여마다 서로 다른 기준으로 평가하게 되면서 특히 선정기준이 가장 까다로운 (즉, 소득 기준이 가장 낮은) 생계급여 대상자에서 제외되는 등, 모든 급여를 다 받지 못하게 되기도 하였다(제도 개혁의 패자). 하지만, 정책과 제도의 마련이나 변화에 따른 '패자'가 언제나 억울한 피해자라는 의미는 전혀 아니며, 일부는 정책과 제도를 만들거나 개혁하는 과정에서 의도된 것이기도 하다. 따라서, 우리가 주의를 기울여야 할 것은, 어떠한 정책이나 제도가 변화되거나 새로 만들어짐으로써 의도하지 않았거나 예상하지 못한 패자가 있지는 않은지, 그 중 특히 패자가 되어서는 안 되는 사람들이 있지는 않은지를 살피는 일이다.

제3절 자원과 재원은 어디서

세 번째는 사회복지의 정책과 제도가 가능하고 기능하게 하는 자원, 특히 재원이 어디에서, 누구의 주머니에서 나오는지를 생각해 볼 필요가 있다는 것이다. 정책과 제도의 운용에 필요한 자원은 어딘가에서 늘 쉽게 주어지는 것이 아니며, (세상에 공짜는 없어서) 그 자원이 어디서 나오느냐가 때로는 우리의 생각보다 훨씬 강하게 해당 정책과 제도의 모양과 특징을 결정짓는다. 정책과 제도가 그냥 주어져 있는 것이 아니라고 생각할 수 있을 때 여러 근본적인 문제를 생각해 볼 수 있었던 것과 같다. 자원과 관련하여 생각해 보아야 할 점들을 조금 더 구체적으로 이야기해보자.

우선 누가 '내는 사람'이고 누가 '받는 사람'인지가 중요하다. '내는 사람'을 먼저 알아야 하는 이유는, 너무나 당연하게도, '내는 사람이 무엇을 원할 것인가'가 해당 제도의 특징에 큰 영향을 미치기 때문이다. '내는 사람'은 대부분 '가능하면 적게' 내길 바라며, 따라서 그 제도의 지출, 곧 그 제도에 의해 집행되는 지원이 적기를 바란다. 이는 그 자신이 '받는 사람'이 될 가능성이 낮다고 생각할수록 더 그렇다. 따라서 '받는 사람'이 될 가능성의 폭이 좁은 욕구일수록, 그 충족을 위한 사회적 개입을 '일반조세'에 의한 제도로 구성하면, 그 제도에 의한 지원의 질은 자꾸 떨어질 가능성이 높다—'내는 사람'들이 그 지원의 질에 관심을 두지 않고 전체적인 지출 삭감만을 자꾸 요구하기 쉽다. 반대로 '내는 사람'들이 '받는 사람'이 될 가능성이 상당하다고 생각하는 경우에는 '내는 사람'들이 그 제도에 따른 지원의 질에 자꾸 관심을 기울이고, '내는' 부담을 기꺼이 수용한다. 이 문제는 다시 '더 낼테니 더 (질 높은 지원을) 받게 해달라'는 요구를 어디까지 수용하고 반영할 것인가로 확장될 수 있다. 여기서는 더 깊게 다루지 않고 간단히만 언급하고 넘어가자: 그런 요구를 거의 반영하지 않으면 '더 낼 능력이 되는' 사람들이 이탈하고 싶어하고, 그런 요구를 너무 반영하면 '더 낼 능력이 안 되어서' 지원받는 면에서 상대적 박탈감을 느끼게 될 사람들이 이탈하고 싶어하게 된다.

조세 재정에 의한 제도와 보험료에 의존하는 사회보험 제도의 특징도 눈여겨 볼 필요가 있다. 세금으로 운용되는 제도보다는 보험 방식으로 운용되는 제도가 더 '내는 사람'과 '받는 사람'을 일치시킨 제도이겠지만, 반드시 그렇지는 않다. 예를 들면 산재보험과 같은 경우는 보험료를 부담하는 '내는 사람'은 사업주이므로 보험 방식이긴 해도 '내는 사람'과 '받는 사람'이 일치하지 않는다. 한편, 국민연금의 경우 '내는 사람'이 거의 반드시 '받는 사람'이 되는 제도이지만, 고용보험이나 건강보험의 경우 '내는 사람'이 '받는 사람'이 될 가능성은 개인에 따라 달리 판단될 수 있고, 자신이 낸 보험료가 적립되는 것도 아니라는 특징을 갖는다. 따라서 '내는 사람'의 요구는 같은 보험방식의 제도라고 해도 다를 수 있다. 그럼에도 불구하고, 특정한 '목적세'에 의한 사회복지 제도가 있지 않다면, 아무래도 보험 방식이 '내는 사람'과 '받는 사람'을 더 일치시킨 제도임에는 틀림없을 것이다. 그리고 그만큼 '낼 수 있는 사람'들만을 대상으로 한다는 특징도 가지며, 많은 경우 저소득층이 제외되는 결과를 낳고, 그들을 위한 보완제도가 필요하여 이원적인 제도로 귀결된다. '국민연금-기초노령연금'이나 '건강보험-의료급여'가 바로 그러한 예이다. 다른 한편, 세금에 의한 제도보다는 보험료에 의한 제도에 대해 '낸 사람'으로서 더 강한 권리의식과 책임의식을 갖는다는 특징도 있다.

사회복지 정책과 제도가 '내는 사람'의 요구에 영향받을 수밖에 없다는 것을 인식하는 것은 중요하며, 앞으로 점점 더 중요해질 가능성이 높다. 사회복지의 정책과 제도에서는 자원을 부담하는 '내는 사람'도 광범위한 '우리 대다수', '받는 혹은 받을 사람'도 '우리 대다수'인 구조를 만들고 유지하는 것이 중요하다. (이에 비하면 누가 많이 내고 누가 적게 내는지, 그리고 누가 많이 받고 누가 적게 받는지는 상대적으로 덜 중요하다.) 경제적인 양극화가 심화될수록, 안정적인 일자리가 부족하고 실업률이 개선되지 않을수록 '내지 않고 받기만 혹은 받게만 하고 싶다'는 마음과 상황에 휘둘리기 쉽겠지만, '내는 사람'이 소수가 되었을 때 그들의 생각 곧 요구가, 다수의 '받는 사람'의 생각 곧 바램과 일치하리라고 그리고 계속 일치하리라고 기대할 수는 없기 때문이다. 결국 사회복지는 '집단적 노력', 즉 '사회적 노력'이며, 이어야한다.

사회복지는 개인 차원의, 조직과 기관 차원의, 그리고 정책과 제도차원의 일들이 종합적으로 수행되면서 실현되는 것이어서, 사회복지사의 실천은 이 세 차원에 대한 다양한 지식과 기술과 역량을 바탕으로이루어질 수밖에 없다. 그 중 사회복지의 정책과 제도에 대한 이해는단지 특정 분야별 제도내용에 대한 지식뿐만이 아니라, 정책과 제도의지향과 목표, 배경에 깔려있는 전제 가치, 승자와 패자, 그리고 자원의원천에 따른 특성 등을 생각해보는 평가적 관점을 가질 수 있을 때깊어질 수 있다. 그것이 또한 사회복지 정책과 제도에 대하여 흥미를가지고 공부하고 관심을 유지해 나가는 데에도 도움을 줄 것이라 기대한다.

사회복지사의 사회복지 공부

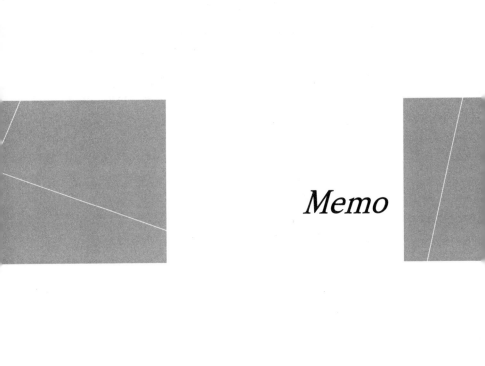

Memo

Memo

1. 예를 들면, Payne, G. (ed) 2013. Social Divisions, 3rd edition, Red Globe Press.

2. 리처드 윌킨슨 · 케이트 피킷 저, 전재웅 역. 2012. "평등이 답이다: 왜 평등한 사회는 늘 바람직한가", 도서출판 이후. (Richard G. Wilkinson & Kate Pickett, 2010, The Spirit Level: why equality is better for everyone)

3. 김연아 · 정원오. 2016. "비정규직의 세대 간 전승: 부모세대의 직업적 지위가 자녀세대의 비정규직 여부에 미치는 영향", 비판사회정책 50: 334-377.

4. 예를 들면, 마이클 샌델 저, 김명철 역. 2014. "정의란 무엇인가", 와이즈베리. (Michael J. Sandel, 2009, Justice); 존 롤즈 저, 황경식 역, 2003. "정의론", 이학사. (John Rawls, 1999, A Theory of Justice, 2nd edition); 아마르티야 센 저, 이규원 역. 2019. "정의의 아이디어", 지식의날개. (Amartya Sen, 2009, The Idea of Justice).

5. 한국사회복지사협회 홈페이지(www.welfare.net)에서 2020년 2월 1일 인출.

6. National Association of Social Workers, 1995, Mission Statement. Social Work.

7. International Federation of Social Workers, 2000. Definition of social work.
http://www.ifsw.org/publications.

8. 하지만 이와 같은 정의는 여전히 듬성듬성하여 현대사회에서 발생하는 다양한 사회문제에 대응하는데 문제가 있다고 바라보는 의견도 있다. 예를 들면, 사회복지실천은 다음과 같은 내용을 더 담아

야 한다는 것이다. 첫째, 사회복지실천의 대상을 전지구적으로 확장하여 저개발국가의 욕구에 대응할 것. 둘째, 클라이언트 욕구에 통합적으로 대응해야 한다. 셋째, 자원, 교육의 임파워먼트에 초점을 맞추고 사회적 약자를 위한 사회복지실천을 강조할 것. 넷째, 사회정의와 변혁이라는 사회복지 전문직의 목적을 담은 어휘를 사용할 것. 다섯째, 위와 같은 내용을 사회복지사 윤리강령에 반영할 것 등이다. 이처럼 사회복지실천의 정의는 해당 사회복지사(들)의 문화 및 사회적 역할이 다양하게 반영될 수 있을 것으로 생각된다.

9. 김성천. 2005. "한국사회복지실천의 현실진단과 과제에 대한 토론" 한국사회복지학 학술대회 자료집, 4: 99-108; 김융일, 2001. 사회복지실천론. 서울: 나남.

10. Fook, J. 1993. Radical Casework, New York: Allen & Unwin

11. 예를 들면, 지역사회복지관의 전형으로 알려진 미국의 헐하우스(Hull House)도 미국 체제에 반대하는 단체들의 블랙리스트에 올랐다.

12. 전국사회복지사 노동조합 가입자가 1백명이 채 되지 않는다는 점은, 노동조합 활동도 여전히 불온한 사회활동으로 간주되는 사회분위기와 구조적으로 눈치를 보아야 하는 사회복지조직의 상황이 복잡하게 뒤섞인 현실을 보여준다.

13. Hardina, D. 2004. Analytical Skills for Community Organization Practice. New York: Columbia University Press.

14. 사회복지사로서의 긴 여정을 시작하는 첫 관문은 대부분 대학교 사회복지학과에의 진학일 것이다. 대학입시 면접에서 '왜 사회복지를 하려고 합니까'라는 질문에 대한 수험생들의 대답은 대개 빈곤층, 노숙인, 탈북민, 저소득층 가정의 아동 등 사회적 약자에

관한 긍휼의 마음 때문이라고 이야기하는 경우가 많다. 또한 이렇게 입학한 학생들을 위한 사회복지교육의 커리큘럼에는 사회적 약자가 처한 사회구조적 문제를 다루는 과목들도 적지 않다.

15. 손광훈, 2009. "사회복지실천기술론". 서울: 공동체.

16. Reid, W. 1992. Task Strategies. New York: Columbia University Press.

17. Germain, C & Gitterman, A. 1980. The Life Model of Social Work Practice. New York: Columbia University Press.

18. Scott, D. 1990. Practice Wisdom: The neglected source of practice research. Social Work, 35(6): 564-568.

19. 사례들은 이근무와 김영숙의 "사회복지사들의 실천지식의 본질에 대한 연구"(한국사회복지학, 2009, 61, 4)의 사례를 각색하거나 정리했다.

20. 보건복지부·한국사회복지사협회, 2018. 2018 사회복지사 통계연감.

21. 한국사회복지사협회 홈페이지(www.welfare.net)에서 2020년 2월 1일 인출.

22. Adams, R. 2010. The short guide to social work. Bristol: The Policy Press.

23. 남기철·남원준. 2017. "사회복지사의 역할 다양화와 역량의 쟁점." 한국사회복지행정학, 19(2): 55-76.

24. Lynn, E. 1999. "Value bases in social work education." British Journal of Social Work, 29: 939-953.

25. 김인숙. 2005. "한국 사회복지실천의 정체성: 정치사회적 관점에서." 비판사회정책, 20: 119-152.

26. 임정기·김교성·이현주. 2017. "사회복지사는 무슨 일을 하는가?: 사회복지사의 과업과 역할에 대한 지향과 현실." 한국사회복지행정학, 19(2): 209-242.

27. 김인숙. 2005. "한국 사회복지실천의 정체성: 정치사회적 관점에서." 비판사회정책, 20: 119-152.

28. 장수미·김미옥·진종설. 2015. "지역사회복지관 사회복지사의 핵심역량은 무엇인가?" 한국지역복지학, 54: 1-35.

29. Holland, S. and Scourfield, J. 2015. Social Work: a very short introduction. Oxford University Press.

30. Lewis, J. A., Lewis, M. D., Daniel, J. A., & D'Andrea, M. J. 1998. Community counseling(2nd Eds). California: Brooks/Cole Publishing Co.

31. 김용득. 2015. 지역사회 사례관리체계에서 공공과 민간의 역할, 이대로 괜찮은가?: 경직된 실천과 파편적 제도. 한국사회복지행정학, 17(1): 241-266.

32. 사회복지활동의 내용은 다음 두 자료의 내용을 선별적으로 정리한 것이다. 하나는, 김통원·김용득·강종식·김미옥·김종범·장정은·이근희·백형의. 1998. 사회복지실천 사례관리. 도서출판 지샘. 다른 하나는, Campbell, G., David, C., Jellie, B., Podger, S. and Raik, H. 1994. Case management: maintaining the balance. Australia: Commonwealth Rehabilitation Service.

33. 초기 사회복지학자들의 정치적 보수성 때문인지, 목전에 있는 위급한 상황에서 지역 환경을 개선해야 하는데에 지역사회라는 용어를 사용하는 것이 더 유리했는지 알 수 없지만, 지역사회라는 용어의 사용은 여전히 아쉬움이 남는다.

34. Rothman, J. 1968. Strategies of Community Organization. Itasca, Illinois: Peacock Publishers.

35. 유동철, 홍재봉. 2016. 실천가를 위한 지역사회복지론. 서울: 양서원.

36. Hanleybrown, J., Kania, J., & Kramer, M. 2012. Channeling change: Making collective impact work. Stanford Social Innovation Review.

37. 이달곤·김판석·김행범. 2015. 세 테마 행정학. 서울: 법우사.

38. 김통원·김용득·강종식·김미옥·김종범·장정은·이근희·백형의. 1998. 사회복지실천 사례관리. 도서출판 지샘.

39. Adirondack, S. 1998. Just about managing: effective management for voluntary organizations and community groups. London Voluntary Service Council.

40. Hardina, D. 2005. "Ten characteristics of empowerment-oriented social service organizations". Administration in Social Work, 29(3): 23-42.

41. Lewis, J. A., Packard, T. R. and Lewis, M. D. 2012. Management of human service programs(5th ed.). California: Brooks Cole, Cengage Learning.

42. Lewis, J. A., Packard, T. R. and Lewis, M. D. 2012. Management of human service programs(5th ed.). California: Brooks Cole, Cengage Learning.

43. Covey, S. R. 2004. The & habits of highly effective people. NY: Simon & Schuster.

사회복지사의 사회복지 공부 |저자 및 약력|

김용득
최종학력 : 서울대학교 대학원 사회복지학 박사
전공분야 : 장애인복지, 사회서비스
성공회대학교 사회복지연구소장
국무총리실 장애인정책조정위원회 위원
보건복지부 커뮤니티케어전문위원회 위원
고용노동부 장애인고용촉진전문위원회 위원

보다 사회서비스협동조합 이사장
한국사회서비스연구원 원장
한울정신건강복지재단 이사
푸르메재단 이사
전 한국장애인복지학회 회장
전 한국사회서비스학회 회장

조남경
최종학력 : 영국 요크대학교 사회정책학 박사
전공분야 : 비교사회정책, 빅데이터 연구
전 참여정부 대통령직인수위/대통령비서실 행정관

2009/2010 유럽사회정책학회
　　　　최우수 박사연구자 논문상
전 영국 요크대학교 교수
2019 한국사회복지학회 우수 논문상

남일성
최종학력 : 미국 피츠버그대학교 사회복지학 박사
전공분야 : 노인보건서비스, 지역사회실천
대통령직속 고령화특별위원회 위원
한국노인복지학회 임원

비판과대안을위한사회복지학회 임원
한국사회정책학회 이사
한국자살예방협회 운영위원
한국사회복지사협회 자격증제도관리위원회 운영위원

초판1쇄 인쇄 2020년 2월 28일 / 초판1쇄 발행 2020년 2월 28일

펴낸곳 | EM실천
주 소 | 서울시 금천구 서부샛길 648 대륭테크노타운 6차 1004호
전 화 | 02)875-9744
팩 스 | 02)875-9965
e-mail | em21c@hanmail.net

ISBN 979-11-960753-3-0   03000